U0216114

吉林人民出版社

简体字本二十六史

清史稿

卷一六四——卷一七二

（六）

[民国] 赵尔巽等 撰
许凯等 标点

清史稿卷一六四

表第四

皇子世表四

圣祖系

允禔	弘昉	永扬											
圣祖第一子。康熙三十七年，封直郡王。	允禔第二子。雍正十二年，封镇国公。	弘昉第九子。乾隆三十八年，袭辅国公。											

四十七年，缘事革爵。雍正十二年，卒。照贝子例殡葬。	七年，卒。寻缘事革退。												
	弘晌 允禔第十三子。乾隆三十八年，封奉恩将军。四十六年，卒。	永多 弘晌第一子。乾隆四十六年，袭奉恩将军。嘉庆十四年，卒。	绵亘 永多子。	奕章 绵亘子。嘉庆十四年，袭奉恩将军。道光二十八年，因病告退。	载祃 奕章子。	溥瑞 载祃嗣子。道光二十八年，袭奉恩将军。同治元年，卒。	毓荃 溥瑞第三子。同治元年，袭奉恩将军。光绪十五年，卒。						
							毓荚 溥麟子，溥瑞嗣子。光绪十五年，袭奉恩						

							将军。						
允礽 圣祖第二子。康熙十四年，立为皇太子。四十六年，废。四十八年，复立。五十一年，复废。雍正二年，薨。追封理亲王，谥曰密。	弘晰 允礽第二子。雍正元年，封理郡王。六年，晋理亲王。乾隆四年，缘事革爵。												
	弘晋 允礽第三子。康熙五十六年，卒。照辅国	永璥 弘晋第三子。乾隆元年，封辅国公。五十											

	公品级殡葬。	二年，卒。											
	弘曕 允礽第六子。雍正六年，封辅国公。乾隆十五年，卒。谥曰恪僖。	永玮 弘曕第一子。乾隆十五年，袭辅国公。五十二年，卒。谥曰恪勤。	绵俊 永玮第一子。乾隆三十五年，封三等奉国将军。五十五年，因病告退。嘉庆三年，卒。	奕泽 绵俊第一子。乾隆五十五年，袭奉恩将军。道光二十八年，卒。	载普 奕泽第三子。道光二十九年，袭奉恩将军。光绪十一年，卒。	溥荣 载普子。	毓宽 溥荣子。光绪十一年，袭奉恩将军。						
			绵侃 永玮第二子。乾										

			隆三十五年，封奉恩将军。嘉庆二年，卒。无嗣。										
			绵佐 永玮第五子。乾隆四十四年，封三等辅国将军。五十三年，袭辅国公。嘉庆十一	**奕质** 绵佐第一子。嘉庆十二年，袭不入八分辅国公。二十二年，卒。									
				奕赞 绵佐第									

			年，卒。	三子。嘉庆十七年，封奉恩将军。同治八年，卒。无嗣。									
	弘晀 允礽第七子。雍正十二年，封辅国公。乾隆三十四年，缘事革退。	永增 弘晀第一子。乾隆二十六年，封奉恩将军。四十八年，卒。	绵胅 永增第二子。乾隆四十九年，袭奉恩将军。嘉庆七年，缘事革退。										
		永璒	绵肑										

		弘晀第四子。乾隆三十年，封三等奉国将军。三十九年，卒。	永璒第一子。乾隆四十年，袭奉恩将军。道光十二年，卒。无嗣。										
		永砇 弘晀第五子。乾隆三十年，封二等奉国将军。三十三年，卒。	绵䏲 永砇第二子。乾隆三十三年，袭奉恩将军。嘉庆十六年，卒。	奕锦 绵䏲第三子。嘉庆十六年，袭奉恩将军。咸丰元年，因病告退。	载绩 奕锦第一子。咸丰元年，袭奉恩将军。十年，缘事革退。								

		永退 弘眺第七子。乾隆三十年，封二等奉国将军。道光元年，卒。	绵烈 永退第一子。乾隆四十九年，封奉恩将军。嘉庆二十一年，卒。	奕亶 绵烈第二子。嘉庆二十二年，袭奉恩将军。道光二十二年，卒。无嗣。									
	弘昫 允礽第十子。乾隆元年，封辅国公。四年，袭理郡	永暖 弘昫第一子。乾隆三十五年，封三等辅国将军。	绵溥 永暖第二子。乾隆五十四年，袭贝子。嘉庆六年，	奕灏 绵溥第一子。嘉庆六年，袭镇国公。道光十年，缘	载受 奕灏第一子。道光十一年，封辅国将军。二十八	福存 载受第二子。道光二十九年，袭奉国将军。光绪	毓均 福存子。光绪十五年，袭奉恩将军。宣统元年，卒。						

	王。四十五年，薨。谥曰恪。	四十五年，袭贝勒。五十三年，卒。	卒。		事革退。十八年，复袭辅国公。寻缘事革退。	年，卒。	十四年，卒。	无嗣。					
						载宽 奕灏第三子。道光十年，袭辅国公。十八年，卒。							
						载岱 奕芝子，奕灏族侄。道光十九年，袭奕灏之辅国公爵。同	溥丰 载岱第一子。道光三十年，封二等辅国将军。光绪元年，	毓炤 溥丰第四子。光绪二十二年，袭辅国公。					

					治十三年,卒。	袭辅国公。二十二年,卒。							
						溥盛 载岱第二子。道光元年,封二等辅国将军。光绪十七年,因病告退。二十二年,卒。	**毓佑** 溥盛第三子。光绪十七年,袭奉国将军。						
						溥征 载岱第三子。咸	**毓锘** 溥征子。光绪十						

						丰七年，封辅国将军。光绪十五年，卒。	六年，袭奉国将军。						
						溥锐 载岱第六子。光绪十二年，封一等奉国将军。二十一年，卒。无嗣。							
				奕魁 绵溥第二子。嘉	载锈 奕魁子。嘉庆二								

				庆十四年，封三等镇国将军。二十三年，卒。	十三年，袭辅国将军。道光七年，卒。无嗣。								
		永育 弘晈次子。乾隆四十年，封三等奉国将军。五十九年，卒。	绵沄 永育第三子。乾隆六十年，袭奉恩将军。咸丰八年，卒。	奕堂 绵沄第三子。咸丰八年，袭奉恩将军。光绪十四年，卒。	载钰 奕堂第二子。光绪十四年，袭奉恩将军。								
		永准 弘晈第五子。乾											

		隆五十五年，封一等辅国将军。嘉庆二十二年，卒。无嗣。											
	弘晥 允礽第十二子。乾隆三年，封辅国公。四十年，卒。	永浩 弘晥第二子。乾隆四十年，袭不入八分辅国公。四十三年，卒。											
允祉	弘晟												

圣祖第三子。康熙三十七年，封诚郡王。三十八年，缘事降贝勒。四十八年，晋诚亲王。雍正六年，缘事降诚郡王。八年，复封诚亲王。寻缘	允祉第三子。康熙五十九年，封世子。雍正二年，缘事革退。												
	弘暻 允祉第七子。雍正五年，封镇国公。八年，晋贝子。乾隆四十二年，	永珊 弘暻第三子。乾隆四十二年，袭镇国公。嘉庆二年卒。	绵策 永珊第三子。嘉庆二年，袭辅国公。五年，卒。	奕果 绵道子，绵策嗣子。嘉庆六年，袭不入八分辅国公。同治九年，卒。	载龄 奕果第一子。同治九年，袭不入八分辅国公。光绪元年，卒。	溥元 载双子，载龄嗣子。光绪十年，袭不入八分辅国公。							

事革爵。十年,薨。照郡王例殡葬。乾隆二年,追谥曰隐。	卒。												
允琪 圣祖第五子。康熙三十七年,封贝勒。四十八年,晋恒亲王。雍正十年,薨。	弘升 允琪第一子。康熙五十九年,封世子。雍正五年,缘事革退。乾隆十九年,	永泽 弘升第三子。乾隆四十年,封不入八分辅国公。五十五年,袭贝子。嘉庆	绵疆 永泽第三子。嘉庆四年,封三等镇国将军。十五年,袭镇国公。十六年,卒。	奕奎 绵崧子,绵疆嗣子。嘉庆十六年,袭镇国公。道光十五年,缘事革退。									

谥曰温。	卒。照贝勒品级殡葬。谥曰恭恪。	十五年，卒。	**绵崧** 永泽第四子。嘉庆四年，封一等辅国将军。道光十五年，袭辅国公。十七年，卒。	**奕礼** 绵槐子。道光十八年，袭绵崧辅国公之爵。二十九年，卒。	**载茯** 奕礼第一子。道光十八年，封二等辅国将军。二十九年，袭辅国公。同治元年，卒。	**溥泉** 载茯第一子。同治二年，袭不入八分辅国公。三年，卒。	**毓森** 溥泉子。同治四年，袭不入八分辅国公。						
					载茂 奕礼第三子。道光二十四年，封一等奉	**溥镜** 载茂子。咸丰八年，袭奉恩将军。同治五							

					国将军。咸丰八年，卒。	年，缘事革退。							
	弘晊 允祺第二子。雍正三年，封辅国公。五年，晋镇国公。十年，袭恒亲王。乾隆四十年，卒。谥曰恪。	永馨 弘晊第一子。乾隆二十一年，封二等辅国将军。二十五年，卒。	绵铨 永馨第一子。乾隆二十六年，袭三等奉国将军。四十年，缘事革退。										
		永勋 弘晊第三子。乾隆三十	绵果 永勋第四子。乾隆五十	奕征 绵果第一子。嘉庆二十									

		年，封二等奉国将军。五十一年，卒。	一年，袭奉恩将军。嘉庆二十一年，卒。	四年，袭奉恩将军。道光二十九年，卒。无嗣。									
		永皓 弘晊第十子。乾隆四十年，袭恒郡王。五十三年，薨。谥曰敬。											
	弘昂 允祺第												

	四子。雍正三年，封一等镇国将军。乾隆四十年，缘事革退。												
	弘昫 允祺第六子。雍正十三年，封奉恩将军。乾隆五年，因病告退。	永庆 弘昫第二子。乾隆五年，袭奉恩将军。四十二年，因病告退。	绵彰 永庆第一子。乾隆四十二年，袭奉恩将军。嘉庆十五年，卒。无嗣。										

	弘曈 允祺第七子。雍正十三年,封奉恩将军。乾隆六年,因病告退。	永春 弘曈第一子。乾隆六年,袭奉恩将军。二十三年,因病告退。	绵纲 永春第一子。乾隆三十四年,袭奉恩将军。三十五年,缘事革退。										
		永鼐 弘曈第二子。乾隆六年,袭奉恩将军。寻卒。											
允祚													

圣祖第六子。早卒。													
允祚 圣祖第七子。康熙三十九年，封贝勒。四十八年，晋淳郡王。雍正元年，晋淳亲王。八年，薨。谥曰度。	**弘曙** 允祐第一子。雍正元年，封世子。五年，缘事革退。												
	弘晫 允祐第二子。乾隆八年，封辅国将军。八年卒。	**永玨** 弘晫第二子。乾隆九年，袭奉国将军。十七年，卒。											

	永庄 弘晫第三子。乾隆十八年，袭奉恩将军。四十二年，因病告退。											
弘暻 允祐第六子。雍正五年，封世子。八年，袭淳郡王。乾隆四	永鋆 弘暻第八子。乾隆四十三年，袭贝勒。嘉庆二十五年，卒。	绵清 永鋆第二子。嘉庆十七年，封一等辅国将军。道光元年，	奕梁 绵清第四子。道光十八年，封三等镇国将军。咸丰元年，	载𡖖 奕梁第六子。光绪十三年，袭镇国公。二十年，卒。	溥坤 载𡖖子。光绪二十一年，袭镇国公。							

	十二年，薨。谥曰慎。		袭贝子。咸丰元年，卒。	袭镇国公。同治十一年，加贝子衔。光绪十三年，卒。									
				奕权 绵清第五子。道光二十四年，封二等辅国将军。同治三年，卒。无嗣。									

奕榕 绵清第六子。道光二十四年,封奉恩将军。光绪元年,缘事革退。	
奕枫 绵清第十二子。咸丰元年,封奉国将军。光绪七年,卒。	载炜 爽枫第三子。光绪八年,袭奉恩将军。

绵浸 永鋆第三子。道光六年，封一等辅国将军。同治十年，卒。无嗣。										
绵洵 永鋆第五子。道光六年，封奉恩将军。咸丰八年，卒。	奕槛 绵洵第一子。咸丰九年，袭奉恩将军。光绪十二年，卒。	载煜 奕槛第一子。光绪十三年，袭奉恩将军。								

绵瀞 永鋆第六子。道光六年，封奉恩将军。咸丰九年卒。	奕梅 绵瀞第一子。咸丰十年，袭奉恩将军。同治元年，缘事革退。									
绵淑 永鋆第七子。道光六年，封奉恩将军。二十七年，卒。	奕桦 绵淑第一子。道光二十七年，袭奉恩将军。同治元年，缘									

				事革退。									
	弘泰 允祐第七子。乾隆八年，封三等奉国将军。二十二年，卒。												
允禩 圣祖第八子。康熙三十七年，封贝勒。六十一年，晋廉亲													

王。雍正四年，以罪革爵。													
允禟 圣祖第九子。康熙四十八年，封贝子。雍正三年，以罪革爵。	**弘晸** 允禟第一子。乾隆四十七年，封不入八分辅国公。四十八年，缘事革退。												
允䄉 圣祖第十子。康熙四十													

八年，封敦郡王。雍正二年，以罪革爵。乾隆二年，封辅国公品级。六年，卒。照贝子例殡葬。													
允禌 圣祖第十一子。早卒。													
允祹 圣祖第	弘昆 允祹第												

十二子。康熙四十八年，封贝子。六十一年，晋嘉郡王。雍正元年，缘事降贝子。二年，降镇国公。八年，复封履郡王。十三年，晋履亲王。乾隆	五子。乾隆十五年，卒。照世子例殡葬。												

二十八年，薨。以高宗第四子永珹为嗣。													
允祥 圣祖第十三子。康熙六十一年，封怡亲王。雍正八年，薨。谥曰贤。	**弘昌** 允祥第一子。雍正元年，封贝子。十三年，晋贝勒。乾隆四年，缘事革退。												
	弘暾 允祥第	**永喜** 弘晈第											

	三子。雍正六年，卒。照贝勒例殡葬。	一子，弘曒嗣子。雍正八年，袭贝勒。九年，卒。无嗣。											
	弘晈 允祥第四子。雍正八年，封宁郡王。乾隆二十九年，薨。谥曰良。	**永福** 弘晈第二子。乾隆二十九年，袭贝勒。四十七年，薨。谥恭恪。同治三年，追封怡	**绵誉** 永福第四子。乾隆四十七年，袭贝勒。道光二十三年，卒。同治三年，追封怡亲王。	**奕蘧** 绵誉第一子。道一子。道封二等镇国将军。十九年，缘事革退。									
				奕格 绵誉第	**载敦** 奕格第	**溥静** 载敦第							

		亲王。		三子。道光二十四年，袭贝子。咸丰八年，卒。同治三年，追封怡亲王。	二子。咸丰七年，袭封三等镇国将军。八年，袭镇国公。同治三年，袭怡亲王。光绪十六年，薨。谥曰端。	一子。同治七年，封不入八分辅国公。光绪十七年，袭怡亲王。二十六年，薨。寻以罪革爵。							
						溥耀 载敦第二子。光绪六年，封二等	毓麒 溥耀子。光绪二十八年，袭怡亲						

						镇国将军。二十六年,卒。	王。						
					载熙 奕格第七子。咸丰七年,封镇国将军。光绪元年,卒。	溥荣 载熙第一子。光绪二年,袭辅国将军。二十年,卒。无嗣。							
				奕连 绵誉第四子。道光十三年,封奉恩将军。									

				二十九年,卒。无嗣。									
				奕珷 绵誉第六子。道光十六年,封一等辅国将军。光绪九年,卒。	载孔 奕珷第二子。光绪九年,袭奉国将军。二十七年,卒。	溥凯 载孔第一子。光绪二十八年,袭奉恩将军。							
						溥彩 载孔第二子。光绪二十三年,封奉恩将军。							

			奕存 绵誉第八子。同治元年，封奉恩将军。光绪二年，卒。	载寿 奕存第一子。光绪二年，袭奉恩将军。十六年，卒。无嗣。								
弘昑 允祥第六子。雍正七年，卒。照贝勒品级殡葬。												
弘晓 允祥第	永杭 弘晓第											

	七子。雍正八年，袭怡亲王。乾隆四十三年，薨。谥曰僖。	一子。乾隆三十年，封三等镇国将军。四十二年，卒。无嗣。											
		永琅 弘晓第二子。乾隆三十年，封三等镇国将军。四十三年，袭怡亲四年，薨。	绵标 永琅第二子。乾隆五十五年，封不入八分辅国公。嘉庆四年，卒。封怡亲	奕劻 绵标第一子。嘉庆四年，袭三等镇国将军。寻袭怡亲王。二十三年，薨。谥	载坊 奕劻第一子。嘉庆二十四年，袭怡亲王。二十五年，薨。								
					载垣 奕劻第								

		谥曰恭。	王。	曰恪。	二子。道光五年，袭怡亲王。咸丰十一年，因罪革爵，赐自尽。								
					载坪 奕勋第三子。道光十六年，封三等辅国将军。二十一年，卒。								

载圻 奕勋第四子。道光十六年，封三等辅国将军。同治八年，卒。	溥纶 载圻第二子。同治九年，袭奉国将军。十一年，卒。							
载增 奕勋第五子。道光十六年，封三等辅国将军。咸丰九年，	溥瑛 载增第一子。咸丰九年，袭三等奉国将军。光绪十七年，	毓俊 溥瑛第二子。光绪十七年，袭奉恩将军。三十一年，卒。无						

					卒。	卒。	嗣。						
					载坤 奕勋第六子。道光十八年，封三等辅国将军。咸丰三年，卒。无嗣。								
					载堪 奕勋第七子。道光十八年，封三等辅国将军。咸	**溥仪** 载堪第一子。咸丰十一年，袭奉国将军。光绪九	**毓秀** 溥仪第一子。光绪九年，袭奉恩将军。十二年，卒。						

					丰十一年，卒。	年，卒。	无嗣。						
		永迈弘晓第八子。乾隆五十五年，封三等辅国将军。嘉庆四年，卒。无嗣。											
					载泰允祥第五世孙，奕增子。同治元								

					年，袭载垣所降之不入八分辅国公。三年，袭载敦所遗之辅国公。五年，缘事革退。								
					载帛 允祥第五世孙，奕协子。同治五年，袭载								

					泰所遗之辅国公。								
允禵 圣祖第十四子。康熙四十八年，封贝子。雍正元年，晋郡王。三年，缘事降贝子。四年，革爵。乾隆二年，封辅	弘春 允禵第一子。雍正元年，封贝子。二年，缘事革退。四年，封镇国公。六年，晋贝子。九年，晋贝勒。十一年，晋泰	永晋 弘春子。	绵备 永晋子。	奕山 绵备子。道光二十七年，封一等镇国将军。光绪四年，卒。	载鸶 奕山第二子。咸丰元年，封三等辅国将军。光绪二年，卒。	溥翰 载鸶第一子。咸丰七年，封奉国将军。光绪四年，袭辅国将军。十二年，告退。	毓照 溥翰第三子。光绪十三年，袭奉国将军。						

国公。十二年，晋贝勒。十三年，复封恂郡王。二十年，薨。谥曰勤。	郡王。十二年，缘事降贝子。十三年，革退。												
	弘明 允禵第二子。雍正十三年，封贝勒。乾隆三十二年，薨。谥曰恭勤。	永忠 弘明第一子。乾隆二十一年，封三等辅国将军。五十八年，卒。	绵算 永忠第五子。乾隆五十八年，袭奉国将军。道光二十四年，卒。										
		永硕 弘明第二子。乾	绵龄 永硕第三子。乾	奕兴 绵龄第四子。道	载森 奕兴第二子。咸	溥博 载森第一子。光							

		隆二十二年，封三等辅国将军。三十二年，袭贝子。嘉庆十三年，卒。	隆六十年，封三等辅国将军。嘉庆十三年，袭镇国公。道光四年，卒。	光四年，袭镇国公。咸丰八年，卒。	丰八年，袭不入八分镇国公。光绪十三年，卒。	绪十三年，袭不入八分镇国公。二十年，卒。							
						溥多 载森第二子。光绪二十一年，袭不入八分镇国公。							
					载国 奕兴第								

					三子。同治七年，封三等辅国将军。光绪三十一年，卒。无嗣。								
			绵赞 永硕第四子。嘉庆四年，封二等辅国将军。二十三年，卒。	奕诚 绵赞第一子。	载桂 奕诚子。嘉庆二十四年，袭奉国将军。同治五年，卒。								
				奕谱									

				绵赞第二子。道光元年，封奉国将军。十四年，卒。无嗣。									
				奕洽 绵赞第三子。道光四年，封奉国将军。同治七年，卒。	**载荷** 奕洽第一子。咸丰七年，封奉恩将军。光绪十一年，卒。无嗣。								
					载申								

					奕洽第二子。同治三年，封奉恩将军。								
			绵榜 永硕第五子。嘉庆四年，封三等辅国将军。十七年，缘事革退。										
			绵默 永硕第六子。嘉	奕班 绵默第一子。咸									

			庆四年，封奉恩将军。咸丰四年，卒。	丰四年，袭奉恩将军。光绪元年，卒。无嗣。									
			绵翱 永硕第七子。嘉庆十四年，封奉恩将军。道光九年，缘事革退。										
			绵翔 永硕第八子。嘉	**奕萃** 绵翔第一子。道	**载策** 奕萃第一子。咸								

			庆十七年，封奉恩将军。道光二年，卒。	光三年，袭奉恩将军。咸丰八年，卒。	丰八年，袭奉恩将军。光绪四年，卒。无嗣。								
		永恬 弘明第三子。乾隆二十二年，封一等奉国将军。三十二年，卒。	绵旭 永恬第一子。乾隆三十二年，袭奉恩将军。嘉庆十八年，卒。	奕湄 绵旭第一子。嘉庆十八年，袭奉恩将军。道光六年，阵亡于和阗。									
				奕道 绵旭第四子。道									

				光七年，袭奉恩将军。二十四年，卒。袭次已尽，不袭。									
		永梯 弘明第四子。乾隆二十七年，封一等奉国将军。五十五年，因病告退。	绵款 永梯第一子。乾隆五十六年，袭奉恩将军。道光六年，卒。	奕朴 绵款第二子。道光六年，袭奉恩将军。咸丰九年，卒。	载屯 奕朴第一子。咸丰九年，袭奉恩将军。光绪七年，因病告退。二十一年，卒。								

					袭次已尽,不袭。								
允禑 圣祖第十五子。雍正四年,封贝勒。八年,晋愉郡王。九年,薨。谥曰恪	弘庆 允禑第三子。雍正九年,袭愉郡王。乾隆三十四年,薨。谥曰恭。	永珔 弘庆第一子。乾隆三十五年,袭贝勒。嘉庆二十五年,卒。	绵岫 永珔第一子。嘉庆七年,封镇国将军。道光元年,袭贝子。三十年,卒。	奕棣 绵岫第一子。道光九年,封二等辅国将军。三十年,袭镇国公。同治五年,卒。	载烋 奕棣第一子。咸丰七年,封一等辅国将军。九年,卒。无嗣。								
					载璨 奕棣第二子。咸丰七年,封辅国将军。同治五年,	溥钊 载霞子,载璨嗣子。光绪十一年,袭辅国公。							

					袭辅国公。光绪十一年，卒。								
				奕枨 绵岫第三子。咸丰七年，封二等辅国将军。光绪十三年，卒。	载霖 奕枨第一子。同治七年，封奉国将军。光绪十五年，卒。无嗣。								
					载兆 奕枨第四子。光绪三年，	溥培 载光第一子。光绪三十							

					封奉国将军。	二年，封奉恩将军。							
					载燕 奕枨第六子。光绪三年，封奉国将军。宣统三年，卒。	溥坪 载燕子。光绪三十二年，封奉恩将军。							
				奕楸 绵岫第四子。咸丰七年，封二等辅国将									

				军。同治三年，卒。无嗣。									
				奕根 绵岫第七子。咸丰七年，封奉恩将军。十一年，卒。无嗣。									
				奕楠 绵岫第八子。同治七年，封奉恩将军。光	载庄 奕楠第二子。光绪十六年，袭奉恩将军。								

				绪十年，因病告退。十六年，卒。									
				奕楅 绵岫第九子。同治七年，封奉恩将军。十一年，卒。无嗣。									
			绵峻 永琦第二子。嘉庆七年，封镇国	奕樟 绵峻第二子。道光二十三年，袭	载雯 奕樟第一子。光绪三年，封奉国								

			将军。道光二十三年,卒。	三等辅国将军。光绪十年,卒。	将军。九年,卒。无嗣。								
			绵岐 永瑢第五子。嘉庆十七年,封辅国将军。道光十一年,卒。	奕精 绵岐第四子。道光十一年,袭奉国将军。光绪十六年,卒。无嗣。									
			绵昆 永瑢第六子。嘉庆十七	奕栋 绵昆第一子。道光十二	载搜 奕栋第一子。咸丰七年,								

			年，封二等镇国将军。道光十一年，卒。	年，袭辅国将军。同治十一年，卒。	封奉国将军。九年，缘事革退。								
					载臧 奕栋第二子。同治十二年，袭奉国将军。光绪元年，卒。无嗣。								
				奕椭 绵昆第三子。道光二十									

				四年，封三等辅国将军。同治元年，卒。									
			绵仑 永珔第七年。嘉庆十七年，封一等辅国将军。道光二十年，卒。	奕杰 绵仑子。道光十六年，封奉国将军。光绪四年，卒。	载照 奕杰第二子。光绪四年，袭奉恩将军。								
			绵岗 永珔第八子。嘉	奕芳 绵岗第二子。道									

		载霞　奕樵第
光二十一年，袭奉国将军。二十四年，卒。无嗣。	奕彬　绵峰子。道光二十七年，袭奉国将军。光绪十四年，卒。	奕樵　绵巃子。
庆二十一年，封一等辅国将军。道光二十一年，卒。	绵峰　永琦第九子。道光元年，封辅国将军。二十七年，卒。	绵巃　永琦第

			十子。道光六年，封辅国将军。同治十二年，卒。	同治十三年，袭奉国将军。光绪元年，卒。	一子。光绪元年，袭奉恩将军。								
		永勤 弘庆第二子。乾隆五十五年，封奉恩将军。嘉庆四年，卒。无嗣。											
	弘富 允禑第	永浡 弘富第	绵鈖 永浡第	奕元 绵鈖子。	载裕 奕元第								

	四子。乾隆十四年,封三等镇国将军。四十八年,卒。	三子。乾隆四十九年,袭辅国将军。嘉庆二十三年,卒。	一子。乾隆五十五年,封奉恩将军。道光元年,卒。	道光元年,袭奉恩将军。咸丰元年,卒。	一子。咸丰八年,袭奉恩将军。同治元年,缘事革退。								
允禄 圣祖第十六子。嗣博果铎后。雍正元年,袭庄亲王。乾隆三十二年,薨。谥	弘普 允禄第二子。乾隆元年,封贝子。四年,缘事革退。寻封镇国公。八年,卒。追	永瑺 弘普第一子。乾隆八年,袭辅国公。三十二年,袭庄亲王。五十三年,薨。谥	绵课 永珂第一子。永瑺嗣子。乾隆五十三年,袭庄亲王。道光二年,降庄郡王。	奕胜 绵课第四子。嘉庆十八年,封不入八分辅国公。道光六年,缘事革退。十									

曰恪。	封世子。谥曰恭勤	曰慎。	四年，复封庄亲王。六年，薨。谥曰襄。	一年，封三等奉国将军。十二年，革退。									
				奕叡绵课第七子。道光六年，封三等镇国将军。八年，缘事革退。十一年，封奉国将军。十九年，									

				休致。									
				奕腆 绵课第九子。道光六年，封三等辅国将军。八年，缘事革退。十九年，袭奉恩将军。同治四年，卒。	载察 奕腆第四子。同治四年，袭奉恩将军。六年，缘事革退。	溥塾 载焘子，载察堂侄。同治六年，袭奉恩将军。光绪二十六年，卒。	毓翚 溥塾第一子。光绪二十八年，袭奉恩将军。						
				奕卖 绵课第十三子。									

				道光六年，袭庄亲王。八年，降郡王。十一年，复封亲王。十八年，缘事革爵。									
		永珂 弘普第二子。乾隆二十七年，封三等奉国将军。五十九											

		年，卒。											
	弘明 允禄第六子。乾隆二十一年，封一等辅国将军。五十二年，卒。	永麻 弘明第二子。乾隆五十二年，袭奉国将军。嘉庆十一年，卒。	绵厚 永麻第一子。嘉庆七年，封奉恩将军。道光四年，缘事革退。										
			绵综 永麻第三子。嘉庆七年，封奉恩将军。道光十三	奕沈 绵综第四子。道光十四年，袭奉恩将军。咸丰四									

		年，卒。	年，卒。无嗣。										
弘曧 允禄第八子。乾隆二十一年，封二等镇国将军。三十二年，袭辅国公。嘉庆十一年，卒。	永蕃 弘曧第一子。乾隆四十年，封二等辅国将军。五十四年，卒。	绵护 永蕃第一子。乾隆五十四年，袭奉国将军。嘉庆十二年，袭辅国公。十八年，袭庄亲王。道光二十一年，薨。谥曰勤。											

			绵谏 永蕃第二子。嘉庆十年，封奉国将军。道光二十二年，袭庄亲王。二十五年，薨。谥曰质。	**奕仁** 绵谏第一子。道光二十四年，封不入八分辅国公。二十六年，袭庄亲王。同治十三年，薨。谥曰厚。	**载勋** 奕仁第二子。同治十一年，封不入八分辅国公。光绪元年，袭庄亲王。二十六年，以罪革爵。二十七年，赐自尽。	**溥纲** 载勋第一子。光绪二十三年，封不入八分辅国公。宣统元年，卒。	**毓敏** 溥纲子。宣统元年，袭镇国将军。						
					载劻 奕仁第								

	三子。光绪三年，封镇国将军。十二年，卒。无嗣。	
	载功 奕仁第四子。光绪六年，封二等镇国将军。二十八年，袭庄亲王。	载溥 载功第二子。光绪二十九年，封不入八分辅国公。
奕佩 绵谆第	载勃 奕佩第	

				二子。道光三十年，封不入八分辅国公。光绪八年，卒。	三子。光绪八年，袭镇国将军。								
				奕保 绵谦第三子。同治元年，封三等辅国将军。十一年，告退。									
		永蓴 弘曧第	绵韬 永蓴第										

二子。嘉庆八年,袭奉恩将军。道光十八年,卒。无嗣。

绵枌 永萼第三子。嘉庆十七年,封奉恩将军。道光二十七年,因病告退。无嗣。

二子。乾隆四十年,封一等奉国将军。嘉庆五年,因病告退。

		永苞 弘曧第四子。嘉庆四年，封一等奉国将军。道光六年，卒。	绵林 永苞第一子。道光十七年，袭奉恩将军。同治二年，卒。	奕增 绵林第三子。同治二年，袭奉恩将军。光绪七年，卒。	载励 奕增第二子。光绪七年，袭奉恩将军。								
允礼 圣祖第十七子。雍正元年，封果郡王。六年，晋果亲王。乾隆三年，													

薨。谥曰毅。以世宗第六子弘瞻为嗣。													
允祄 圣祖第十八子。早卒。													
允禝 圣祖第十九子。早卒。													
允祎 圣祖第二十子。雍正四	弘闰 允祎第二子。乾隆二十	永玉 弘闰第一子，乾隆五十	绵通 永群子，永玉嗣子。道光										

年，封贝子。八年，晋贝勒。十二年，缘事降辅国公。十三年，复封贝勒。乾隆二十年，卒。谥曰简靖。	年，袭贝子。五十六年，卒。	七年，袭辅国公。道光七年，卒。	七年，袭不入八分镇国公。十八年，缘事革退。										
		永撰弘闰第五子。嘉庆四年，封奉国将军。五年，卒。无嗣。											
		永群弘闰第六子。嘉											

		庆四年，封三等辅国将军。二十三年，卒。无嗣。											
		永彩 弘闰第七子。嘉庆十年，封二等辅国将军。二十年，卒。	绵寿 永彩子。嘉庆二十一年，袭奉国将军。道光十八年，袭绵通之不入八分镇国公。	奕贺 绵寿第二子。同治十一年，袭不入八分镇国公。光绪十五年，卒。	载钺 奕贺第一子。光绪十五年，袭不入八分镇国公。三十年，卒。								
					载铠 奕贺第								

			咸丰十一年，因病告退。同治十年，卒。		二子。光绪二十三年，封三等辅国将军。三十一年，袭不入八分镇国公。								
					载镗奕贺第三子。光绪二十九年，封辅国将军。								
允禧													

圣祖第二十一子。雍正八年，封贝子。寻晋贝勒。十三年，晋慎郡王。乾隆二十三年，薨。谥曰靖。以高宗第六子永瑢为嗣。													
允祐 圣祖第	弘昽 允祐第	永芝 弘昽第											

二十二子。雍正八年，封贝子。十二年，晋贝勒。乾隆八年，卒。谥曰恭勤。	一子。乾隆九年，袭贝子。十九年，卒。	一子。乾隆四十九年，袭镇国公。五十年，缘事革退。											
	弘嵩 允祜第四子。乾隆三十年，封二等镇国将军。四十二年，卒。	永若 弘嵩第三子。乾隆四十二年，袭三等辅国将军。五十四年，卒。无嗣。											

	弘丰 允祜第五子。乾隆三十年，封一等辅国将军。嘉庆八年，卒。		绵鸾 永晋子，弘丰嗣孙。嘉庆八年，袭奉恩将军。咸丰十年，卒。	奕庆 绵鸾第四子。道光十三年，袭奉恩将军。光绪四年，卒。	载麟 奕庆第三子。光绪五年，袭奉恩将军。二十三年，卒。	溥阳 载麟第一子。光绪二十四年，袭奉恩将军。							
				奕昌 绵鸾第五子。道光十六年，封奉恩将军。光绪六年，卒。	载哲 奕昌第三子。光绪七年，袭奉恩将军。二十二年，卒。无嗣。								
允祁	弘昤	永厚											

圣祖第二十三子。雍正八年，封镇国公。十三年，晋贝勒。乾隆二十三年，缘事降贝子。四十二年，又降镇国公。四十五年，晋贝子。四十七

允祁第二子。乾隆二十二年，封一等奉国将军。四十六年，卒。

弘昐第二子。乾隆四十六年，袭奉恩将军。四十八年，卒。无嗣。

永本

弘昐第三子。乾隆四十九年，封奉恩将军。嘉庆十五年，卒。无嗣。

年，晋贝勒。四十九年，加郡王衔。五十年，卒。谥曰诚。	弘亮 允祁第三子。嘉庆十四年，封奉国将军。十八年，卒。	永楞 弘亮第十一子。嘉庆十八年，袭奉恩将军。道光十六年，卒。	绵城 永楞子。道光十六年，袭奉恩将军。咸丰八年，缘事革退。										
	弘谦 允祁第五子。乾隆五十年，袭贝子。嘉庆十四年，加贝勒	永康 弘谦第一子。嘉庆十四年，封一等奉国将军。二十年，袭	绵兴 永康第一子。道光六年，封三等辅国将军。咸丰四年，卒。										

	品级。二十年,卒。	镇国公。咸丰八年,卒。	无嗣。										
			绵英 永康第二子。道光十八年,封一等辅国将军。咸丰八年,袭不入八分辅国公。同治四年,卒。无嗣。										
			绵庆 永康第三子。道										

			光十八年，封三等辅国将军。同治十一年，卒。无嗣。										
			绵亨 永康第四子。道光二十四年，封三等辅国将军。咸丰七年，卒。	**奕光** 绵亨第一子。咸丰七年，袭奉国将军。光绪十七年，卒。	**载玢** 奕光第一子。光绪十七年，袭奉恩将军。三十三年，卒。	**溥裕** 载玢第一子。光绪三十三年，袭奉恩将军。							
				奕耀 绵亨第	**载全** 奕耀第								

				二子。同治七年，封奉国将军。光绪三十一年，卒。	二子。光绪三十二年，袭奉恩将军。								
				奕焘 绵亨第三子。同治七年，封奉国将军。光绪二年，卒。无嗣。									
			绵达 永康第五子。道	奕煊 绵达子。同治七	载增 奕煊第二子。光								

			光二十四年，封三等辅国将军。同治五年，卒。	年，袭奉国将军。光绪二十一年，卒。	绪二十一年，袭奉恩将军。								
			绵忠 永康第六子。道光二十四年，封三等辅国将军。咸丰十年，卒。无嗣。										
		永绪	绵铭										

	弘谦第三子。嘉庆二十一年，封奉恩将军。道光二年，卒。	永绪第一子。道光三年，袭奉恩将军。咸丰二年，卒。无嗣。
弘霈 允祁第六子。乾隆六十年，封奉恩将军。嘉庆十年，卒。	永靠 弘霈第一子。嘉庆十年，袭奉恩将军。道光十年，缘事革退。	
弘善	永良	

	允祁第七子。乾隆六十年，封奉恩将军。嘉庆十四年，加辅国将军品级。二十四年，晋辅国将军。道光四年，卒。	弘善第二子。道光五年，袭奉国将军。二十三年，缘事革退。											
允秘 圣祖第二十四	弘畅 允秘第一子。乾	永珠 弘畅第一子。乾											

子。雍正十一年，封诚亲王。乾隆三十八年，薨。谥曰恪。	隆二十一年，封不入八分辅国公。三十九年，袭诚郡王。六十年，薨。谥曰密。	隆四十九年，封三等镇国将军。六十年，袭贝勒。道光二十六年，缘事革退。											
		永祥 弘畅第二子。乾隆四十九年，封三等镇国将军。	绵杰 永祥第二子。道光六年，袭辅国将军。九年，卒。无										

		道光六年，卒。	嗣。										
		永芩 弘畅第三子。乾隆五十五年，封三等镇国将军。道光五年，缘事革退。	绵焕 永芩第一子。嘉庆十年，封辅国将军。道光五年，缘事革退。寻封奉恩将军。二十一年，卒。无嗣。										
			绵显 永芩第										

			三子。道光四年，封辅国将军。五年，缘事革退。寻封奉恩将军。六年，又革退。										
		永裕 弘畅第四子。乾隆五十五年，封三等镇国将军。	绵丹 永裕第一子。嘉庆五年，袭辅国将军。二十五年，										

	嘉庆五年，卒。	卒。无嗣。											
弘昕 允秘第二子。乾隆二十八年，封二等镇国将军。三十九年，晋贝子。四十三年，缘事革退。五十九年，封奉恩将军。	永松 弘昕第五子。嘉庆十六年，袭奉恩将军。道光七年，卒。十七年，追封贝子。	绵勋 永松第二子。道光七年，袭奉恩将军。二十六年，袭永珠之贝子。光绪十九年，卒。	奕均 绵勋第二子。同治七年，封镇国将军。十年，卒。	载信 奕均子。同治十一年，袭辅国将军。光绪二十年，袭镇国公。二十六年，卒。	溥霱 载信第一子。光绪二十八年，袭镇国公。								
					溥雯 载信第二子。光绪二十九年，封辅国将军。								
					溥雮 载信第								

	嘉庆四年,又革退。十四年,复封奉恩将军。十六年,卒。					三子。光绪二十九年,封辅国将军。						
						溥霂 载信第四子。光绪二十九年,封辅国将军。						
	弘康 允秘第三子。乾隆三十五年,封	永纯 弘康第一子。嘉庆七年,封奉国										

将军。十九年，袭辅国将军。道光十一年，缘事革退。	
二等镇国将军。嘉庆十四年，加不入八分辅国公品级。十九年，卒。	弘超允秘第四子。乾隆四十年，封三等辅国将军。四十二年，

	缘事革退。												
承瑞圣祖子。早薨。													
承祜圣祖子。早薨。													
承庆圣祖子。早薨。													
赛音察浑圣祖子。早薨。													
长华圣祖子。													

早薨。													
长生 圣祖子。 早薨。													
万黼 圣祖子。 早薨。													
允禶 圣祖子。 早薨。													
允禑 圣祖子。 早薨。													
允禨 圣祖子。													

早薨。													
允禐 圣祖子。 早薨。													

清史稿卷一六五
表第五

皇子世表五

世宗系

弘晖 世宗第一子。康熙四十三年，薨。雍正十													

三年，追封亲王。谥曰端。无嗣。													
弘昀 世宗第二子。早薨。无嗣。													
弘时 世宗第三子。早薨。无嗣。													
弘昼 世宗第五子。雍正十一年，封和	**永璧** 弘昼第二子。乾隆二十一年，封	**绵伦** 永璧第一子。乾隆三十七年，袭											

亲王。乾隆三十五年，薨。谥曰恭。	不入八分辅国公。三十五年，袭和亲王。三十七年，薨。谥曰勤。	和郡王。三十九年，薨。谥曰谨。											
		绵循 永璧第二子。乾隆四十年，袭和郡王。嘉庆二十二年，薨。谥曰恪。	奕亨 绵循第三子。嘉庆七年，封辅国将军。二十二年，袭贝勒。道光十二年，卒。	载容 奕亨第四子。道光十二年，袭贝子。同治十一年，加贝勒衔。光绪七年，卒。谥曰敏恪。	溥廉 载容第一子。光绪三年，封二等镇国将军。七年，袭镇国公。二十四年，卒。	毓璋 溥廉第一子。光绪二十四年，袭镇国公。							
					溥益 载容第二子。光	毓书 溥益第一子。光							

					绪三年，封三等辅国将军。光绪三十三年，卒。	绪三十三年，袭奉国将军。							
					溥绥 载容第三子。光绪三年，封二等辅国将军。三十二年，卒。	**毓逖** 溥绥第一子。光绪三十二年，袭奉国将军。							
				载崇 奕亨第五子。道	**溥善** 载崇第一子。光								

				光三十年，封一等辅国将军。光绪二年，卒。	绪二年，袭奉国将军。								
					溥良 载崇第二子。光绪十二年，封奉国将军。								
					溥兴 载崇第三子。光绪六年，封奉国将军。三十三年，卒。	毓嵩 溥兴第二子。光绪三十三年，袭奉恩将军。							

奕聪 绵循第四子。嘉庆十年，封三等镇国将军。道光十六年，卒。	载嘉 奕聪第一子。道光十六年，袭三等辅国将军。同治元年，缘事革退。										
奕憼 绵循第六子。嘉庆十三年，封镇国将军。道光六											

			年，卒。无嗣。										
			奕蕊 绵循第九子。道光元年，封奉国将军。十九年，卒。										
		绵倬 永璧第五子。乾隆四十九年，封三等镇国将军。五十二											

		年，卒。无嗣。											
	永瑸 弘昼第四子。乾隆二十二年，封二等镇国将军。嘉庆三年，卒。	**绵命** 永瑸第二子。嘉庆四年，袭辅国将军。道光十二年，卒。	**奕俊** 绵命第一子。道光六年，封三等奉国将军。十二年，晋袭二等。道光二十三年，卒。无嗣。										
			奕猛 绵命第二子。道										

光十六年，封三等奉国将军。咸丰九年，缘事革退。	
	绵传 永瑸第三子。乾隆五十五年，封一等奉国将军。嘉庆六年，因病告退。道

	光十三年，卒。无嗣。											
永焕弘昼第六子。乾隆四十四年，封二等镇国将军。四十八年，卒。	绵僧永焕第一子。乾隆四十九年，袭辅国公。嘉庆十二年，卒。	奕交绵僧第一子。嘉庆十二年，袭奉国将军。咸丰九年，卒。无嗣。										
		奕烈绵僧第二子。嘉庆十五年，封奉	载透奕烈第三子。咸丰二年，袭奉恩									

			恩将军。咸丰元年，卒。	将军。同治元年，缘事革退。									
			奕璠 绵僧第三子。道光四年，封奉国将军。二十五年，卒。	**载良** 奕璠子。道光二十五年，袭奉恩将军。光绪十五年，卒。无嗣。									
	永琨 弘昼第七子。乾隆三十	**绵仲** 永琨第一子。嘉庆八年，	**奕顺** 绵仲第一子。嘉庆十九	**载畮** 奕顺子。道光二十二年，									

	三年，封不入八分辅国公。嘉庆四年，缘事降奉恩将军，寻晋二等奉国将军。七年，复封不入八分辅国公。八年，卒。	袭三等镇国将军。十九年，卒。	年，袭辅国将军。道光二十一年，卒。	袭奉国将军。同治元年，缘事革退。									
		绵令 永琨第二子。乾隆四十九年，封三等辅国将军。嘉庆二年，卒。	奕煌 绵令子。嘉庆二年袭二等奉国将军。三年，卒。无嗣。										
弘瞻 世宗第	永瑹 弘瞻第	绵从 永瑹第	奕湘 绵律第	载坤 奕湘第									

六子，嗣允礼后。乾隆三年，袭果亲王。二十八年，缘事降贝勒。三十年，复封果郡王。寻薨。谥曰恭。	一子乾隆三十年袭果郡王。五十四年，薨，谥曰简。	一子。乾隆五十五年，袭贝勒。五十六年，卒。	一子，绵从嗣子。道光十三年，袭镇国公。同治十一年，加贝子衔。光绪七年，卒。谥曰恪慎。	一子。咸丰七年，封辅国将军。光绪二年，缘事革退。									
				载卓 奕湘第三子。光绪七年，袭辅国公。三十三年，卒。	溥闳 载卓子。光绪三十三年，袭辅国公								
		绵律 永瓈第一子，永											

		瑹嗣子，乾隆五十六年，袭贝勒。嘉庆十一年，缘事革退。											
	永璨 弘瞻第二子。乾隆四十年，封一等辅国将军。嘉庆五年，因病告退。	绵偱 永璨第二子。嘉庆十一年，袭贝子。道光十二年，卒。	奕叜 绵偱第一子。道光十三年，封二等镇国将军。同治元年，卒。	载品 奕叜第一子。同治元年，袭三等辅国将军。光绪三十年，卒。	溥棠 载品第一子。光绪三十一年，袭奉国将军。								

弘盼 世宗第六子,早薨。													
福宜 世宗第七子,早薨。													
福惠 世宗第九子。雍正六年薨。十三年追封亲王。谥曰怀。无嗣。													

福沛 世宗第十子，早薨。													

高宗系

永璜 高宗第一子。乾隆十五年薨。追封定亲王。谥曰安。	**绵德** 永璜第一子。乾隆十五年，袭定亲王。七年，降郡王。四十一年，缘事革爵。	**奕纯** 绵德子。乾隆四十四年，封三等辅国将军。四十九年，晋镇国公品级。五	**载锡** 奕纯第一子。嘉庆四年，封三等镇国将军。十四年，晋不入八分辅国公。	**溥喜** 载锡第二子。道光元年，袭镇国公。十二年，缘事降不入八分辅国公。十									

	四十二年，封镇国公。四十九年，晋贝子。五十一年，卒。	十一年，袭贝子。嘉庆二十一年，卒。	二十一年，袭贝子。道光元年，卒。	八年，缘事革退。									
				溥吉 载锡第三子。道光八年，封三等镇国将军。十八年，袭辅。国公。同治五年卒。									
			载铭 奕纯第三子。嘉庆二十	溥咸 载铭第三子。道光二十	毓厚 溥咸第一子。同治七年，								

			一年，封三等辅国将军。道光二十年，卒。	三年，袭奉国将军。同治五年，袭溥吉之不入八分辅国公。七年，卒。	袭不入八分辅国公。光绪十六年，卒。								
					毓祥 溥咸族侄，溥和子。光绪十七年，袭毓厚之不入八分辅国公。								
	绵恩 永璜第二子。乾	奕绍 绵恩第二子。嘉	载铨 奕绍第一子。嘉	溥煦 载铭第五子，载	毓长 溥煦第一子。同	恒圻 毓长第四子。光							

	隆四十一年，袭定郡王。五十八年，晋亲王。道光二年，薨。谥曰恭。	庆四年，封不入八分辅国公。七年，晋辅国公。八年，晋贝子。二十四年，晋贝勒。道光二年，袭定亲王。十六年，薨。谥曰端。	庆二十一年，封二等辅国将军。道光三年，晋二等镇国将军。十一年，晋不入八分镇国公。十五年，晋辅国公。十六年，袭定郡王。咸丰三	铨嗣子。咸丰四年，封辅国将军。寻袭定郡王。光绪三十三年，薨。谥曰慎。	治十一年，封镇国将军。光绪二十九年，卒。	绪二十九年，袭辅国将军。							
					毓朗 溥煦第二子。光绪十二年，封三等镇国将军。三十三年，袭贝勒。								
					毓盈								

		年，加亲王衔。四年，薨。追封亲王，谥曰敏。		溥煦第四子。光绪二十九年，封镇国将军。									
永琏 高宗第二子。乾隆三年，薨，追封皇太子。谥曰端慧。													
永璋 高宗第三子。乾	绵懿 永瑆第二子，永	奕绪 绵懿弟一子。嘉	载迁 奕绪第二子。咸	溥葵 载迁第一子。光									

隆二十五年，薨。追封循郡王。	璋嗣子。乾隆五十二年，袭贝勒。嘉庆九年，缘事降二等镇国将军。十年，封贝子。十四年，卒。追封贝勒。	庆四年，封辅国将军品级。十四年，袭贝子。咸丰八年，卒。	丰八年，袭镇国公。光绪二十五年，卒。	绪二十三年，封辅国将军。二十五年，袭辅国公。									
				溥荃 载迁第二子。光绪二十九年，封辅国将军。									
		奕绖 绵懿第二子。嘉庆二十											

		一年,封二等辅国将军。二十二年,缘事革退。											
		奕纪 绵懿第三子。嘉庆二十一年,封二等辅国将军。道光十五年,晋二等镇国将军。											

		二十年，缘事革退。											
永珹 高宗第四子，嗣允裪后。乾隆二十八年，袭履郡王。四十二年，薨。谥曰端。嘉庆四年，追封履亲王。	绵惠 永珹第一子。乾隆四十二年，袭贝勒。嘉庆元年，薨。六年，追封履郡王。	奕纶 绵懃子，绵惠嗣子。嘉庆元年，袭贝子。十四年，晋贝勒。道光十五年，缘事降贝子。十六年，卒。追封贝勒。	载铻 奕纶第六子。道光十八年，封一等辅国将军。二十七年，卒。	溥森 载铻子。道光二十七年，袭奉国将军。光绪七年，卒。	毓存 溥森第四子。光绪七年，袭奉恩将军。寻卒。无嗣。								
			载钤 奕纶第十子。道光十六年，袭贝	溥楙 载钢第三子。载钤嗣子。咸丰四	毓昌 溥楙子。光绪八年，袭镇国公。十								

			子。咸丰三年，卒。	年，袭镇国公。光绪八年，卒。	年，卒。								
			载华 奕纶第十一子。道光二十二年，袭奕绮之贝子。同治四年，缘事革退归宗。										
			载鹤 奕纶第	**溥植** 载鹤子。									

			十二子。咸丰六年，封奉恩将军。光绪十年，卒。	光绪十一年，袭毓昌之镇国公。									
			载蔼 奕纶第十三子。咸丰六年，封奉恩将军。光绪二十七年，卒。	**溥泉** 载蔼第一子。光绪二十八年，袭奉恩将军。									
永琪 高宗第	**绵亿** 永琪第	**奕绘** 绵亿第	**载钧** 奕绘第	**溥椙** 载钊第									

五子。乾隆三十年，封荣亲王。三十一年，薨。谥曰纯。	五子。乾隆四十九年，封贝勒。嘉庆四年，晋荣郡王。二十年，薨。谥曰恪。	一子。嘉庆二十年，袭贝勒。道光十八年，卒。	一子。道光十八年，袭贝子。咸丰七年，卒。	一子，载钧嗣子。咸丰七年，袭镇国公。同治五年，缘事革退。									
			载钊 奕绘第二子。道光二十四年，封一等辅国将军。光绪七年，卒。	**溥芸** 载钊第三子。同治五年，袭镇国公。光绪二十八年，卒。	**毓敏** 溥芸第二子。光绪二十八年，袭镇国公。宣统三年，卒。								
				溥菖									

			追封镇国公。	载钊第九子。光绪七年，袭奉国将军。									
			载初 奕绘第四子。咸丰七年，封辅国将军。同治元年，缘事革退。										
永瑢 高宗第六子，嗣	绵庆 永瑢第六子。乾	奕绮 绵庆子。嘉庆十	载钢 奕纶第九年，奕	溥泰 载钢第一子。同									

允禧后。乾隆二十四年，袭贝勒。三十七年，晋质郡王。五十四年，晋质亲王。五十五年，薨。谥曰庄。	隆五十五年，袭质郡王。嘉庆九年，薨。谥曰恪。	四年，袭贝勒。道光十九年，缘事革爵。二十二年，卒。追复贝勒。	绮嗣子。道光二十四年，封一等辅国将军。同治四年，袭镇国公。光绪七年，卒。	治七年，封一等辅国将军。光绪八年，袭镇国公。九年，缘事革退。									
				溥龄 载纲第二子。同治十一年，封二等镇国将军。光绪九年，袭镇国	**毓亨** 溥龄第一子。光绪二十三年，袭镇国公。								

公。二十三年,卒。	溥霖 载钢第四子。同治十一年,封一等辅国将军。光绪十年,卒。无嗣。	溥量 载钢第七子。光绪十四年,封辅国将军。

永琮 高宗第七子。乾隆十二年，薨。谥曰悼敏阿哥。嘉庆四年，追封哲亲王。													
永璇 高宗第八子。乾隆四十四年，封仪郡王。嘉庆四	绵志 永璇第一子。嘉庆四年，封不入八分辅国公。七	奕绩 绵志第三子。嘉庆十八年，卒。追封不入八分											

年，晋仪亲王。道光十二年，薨。谥曰慎。	年，晋贝子。十四年，晋贝勒。十八年，加郡王衔。二十年，缘事革郡王衔。二十四年，复还加衔。二十五年，又革衔。道光三年，复还加衔。十二	辅国公。无嗣。											
		奕细 绵志第四子。道光十一年，封辅国公。十四年，袭贝勒。光绪十年，加郡王衔。十九年，卒。	载桓 奕细子。追封贝子。	溥颐 载桓子。	毓崐 溥颐子。光绪二十年，袭贝子。二十七年，卒。赠贝勒衔。								
					毓岐 溥颐子。光绪二十八年，袭镇国公。								

	年，袭仪郡王。十四年，薨。谥曰顺。	奕彩 绵志第五子，绵愍嗣子。道光十七年，袭庆亲王。二十二年，缘事革爵，仍回本支。											
永瑆 高宗第十一子。乾隆五十四年，封成亲	绵懃 永瑆第一子。嘉庆四年，封不入八分辅	奕绶 绵懃第一子。嘉庆十七年，卒。十八年，追	载锐 奕绶第一子。嘉庆十八年，封镇国将军。	溥庄 载锐第一子。咸丰七年，封三等镇国将	毓棣 溥蓁子。溥庄嗣子。同治十一年，袭贝子。								

王。道光三年,薨。谥曰哲。	国公。七年,晋贝勒。二十四年,加郡王衔。二十五年,薨。追封成郡王。	封不入八分辅国公。道光三年,追封成郡王。	二十五年,袭贝勒。道光三年,袭成郡王。咸丰九年,薨。谥曰恭。	军。九年,袭贝勒。十年,加郡王衔。同治十一年,卒。									
				溥兰 载锐第五子。咸丰七年,封三等镇国将军。光绪五年,卒。	毓杲 溥兰第二子。光绪五年,袭三等辅国将军。								
				溥蔚 载锐第五子。咸									

				丰七年，封三等奉国将军。光绪二十七年，卒。无嗣。									
				溥蕴 载锐第六子。咸丰七年，封镇国将军。同治元年，缘事革退。									
				溥葆	毓振								

				载锐第十二子。同治七年，封三等镇国将军。光绪十五年，卒。	溥葆第一子。光绪十六年，袭辅国将军。二十五年，卒。无嗣。								
				溥菊 载锐第十三子。同治十一年，封三等奉国将军。光绪十年，卒。									

				无嗣。									
				溥蘅 绵锐第十四子。同治十一年，封三等奉国将军。光绪二十七年，卒。	毓朴 溥蘅第一子。光绪二十八年，袭奉恩将军。								
		奕儒 绵懃第八子。道光九年，封一等辅国将											

		军。十六年,因病告退。无嗣。											
		奕绰 绵懃第九子。道光十八年,封奉恩将军。同治二年,卒。无嗣。											
		奕⿰纟亭 绵懃第十一子。道光二	载碠 奕⿰纟亭第一子。咸丰四年,										

		十四年，封一等辅国将军。咸丰元年，因病告退。	袭奉国将军。光绪三十二年，卒。无嗣。										
			载碤 奕绰第二子。同治七年，封三等奉国将军。光绪二十，卒。无嗣。										
			载硋 奕绰第三子。同	**溥敬** 载硋子。光绪二									

			治七年，封三等奉国将军。光绪二十六年，卒。	十八年，袭奉恩将军。									
			载碄 奕[illegible]第四子。同治十一年，封三等奉国将军。光绪二十四年，卒。无嗣。										
	绵聪	**奕绣**											

永瑆第三子。嘉庆四年，封辅国将军。道光三年，晋镇国将军。八年，卒。追封不入八分辅国公。	绵聪第二子。道光八年，袭三等辅国将军。同治二年，缘事革退。											
绵愰 永瑆第七子。道光元年，封镇国	奕霱 绵愰第二子。道光二十一年，袭	载山 奕霱第一子。同治十三年，袭三	溥正 载山子。宣统二年，袭奉国将军。									

	将军。二十一年，卒。	二等辅国将军。光绪二十三年，卒。	等奉国将军。宣统元年，卒。										
			载峻 奕霸第五子。光绪十四年，封三等奉国将军。二十五年，卒。无嗣。										
			载崑 奕霸第六子。光绪二十	**溥柏** 载崑子。光绪三十三年，									

九年，封奉国将军。三十二年，卒。	袭奉恩将军。
载岭 奕霸第八子。光绪三十二年，封奉国将军。	
载墉 奕霸第九子。光绪二十九年，封奉国将	

			军。										
			载岳 奕霱第十一子。光绪三十二年，封奉国将军。										
永璂 高宗第十二子。乾隆四十一年，卒。嘉庆四年，追封贝勒。	**绵偲** 永瑆第四子，永璂嗣子。嘉庆四年，封一等镇国将军。六年，晋镇	**奕缙** 绵偲第一子。道光元年，封三等镇国将军。二十九年，袭贝子。咸											

	国公。二十四年，晋贝子。道光十八年，晋贝勒。二十八年，卒。	丰六年，卒。											
		奕缮 绵偲第三子。道光元年，封三等镇国将军。咸丰七年，袭镇国公。同治五年，卒。	载岐 奕霱第二子，奕缮嗣子。同治六年，袭不入八分镇国公。										
永璟 高宗第十三子。													
永璐													

高宗第十四子。													
永璘 高宗第十七子。乾隆五十四年，封贝勒。嘉庆四年，晋庆郡王。二十五年，晋庆亲王。寻薨。谥曰僖。	绵愍 永璘第三子。嘉庆七年，封辅国公。二十四年，晋贝子。二十五年，袭庆郡王。道光十六年，薨。谥曰良。												
	绵悌	奕劻	载振										

	永璘第五子。道光十一年，封不入八分辅国公。十七年，晋不入八分镇国公。二十二年，缘事降镇国将军。二十九年，卒。咸丰二年，追封	绵性第一子。绵悌嗣子。道光三十年，袭辅国将军。咸丰二年，封贝子。十年，晋贝勒。同治十一年，加郡王衔。光绪十年，晋庆郡王。二十年，	奕劻第一子。光绪二十年，封二等镇国将军。二十七年，加贝子衔。										
			载捷 奕劻第二子。光绪三十二年，封镇国将军。										

	贝子。	晋庆亲王。											
	绵性 永璘第六子,道光十三年,封镇国将军。十七年,晋不入八分辅国公。二十二年,缘事革退。												

仁宗系

穆郡王 仁宗第一子，未命名。乾隆四十五年，薨。嘉庆二十五年，追封。													
绵恺 仁宗第三子。嘉庆二十	奕缵 绵恺第一子。嘉庆二十												

四年,封惇郡王。二十五年,晋惇亲王。道光七年,缘事降郡王。八年,复封亲王。十八年,又降郡王。寻薨。复还亲王。谥曰恪。以宣宗第五子奕

五年,封不入八分辅国公。道光元年,卒。追封贝勒。无嗣。

誴为嗣。													
绵忻 仁宗第四子。嘉庆二十四年，封瑞亲王。道光八年，薨。谥曰怀。	**奕志** 绵忻子。道光八年，袭瑞郡王。三十年，薨。谥曰敏。	**载洵** 奕𫍽第六子，奕志嗣子。光绪十三年，封不入八分辅国公。十五年，晋辅国公。十六年，晋镇国公。二十八年，袭贝勒。三十											

		四年，加郡王衔。											
绵愉 仁宗第五子。嘉庆二十五年，封惠郡王。道光十九年，晋惠亲王。同治三年，薨。谥曰端。	**奕询** 绵愉第四子。咸丰十年，封不入八分辅国公。同治三年，晋镇国公。十年，卒。	**载泽** 奕枨第七子，亦询嗣子。光绪三年，袭辅国公。二十年，晋镇国公。三十四年，加贝子衔。											
	奕详 绵愉第五子。咸	**载润** 奕详第一子。光											

	丰十年，封不入八分辅国公。同治三年，晋镇国公，寻袭惠郡王。十一年，加亲王衔。光绪十二年，薨。谥曰敬。	绪十二年，袭贝勒。											
	奕谟 绵愉第六子。咸	载济 奕详第二子，奕	溥信 载光第二子，载										

	丰十年，封不入八分镇国公。同治三年，晋镇国公。十一年，加贝子衔。光绪十年，晋贝子。十五年，加贝勒衔。三十一年，卒。	谟嗣子。光绪十三年，封三等镇国将军。二十年，卒。	济嗣子。光绪三十一年，袭镇国公。										

宣宗系

奕纬 宣宗第一子。嘉庆二十四年，封贝勒。道光十一年，薨。谥曰隐志。三十年，追封郡王。	**载治** 奕纪子，奕纬嗣子。咸丰四年，袭贝勒。十年加郡王衔。光绪六年，卒。谥曰恭勤。	**溥伦** 载治第四子。光绪七年，袭贝子。二十年，加贝勒衔。											
		溥侗 载治第五子。光绪七年，封二等镇国将											

		军。二十年，晋一等。三十四年，加不入八分辅国公衔。											
奕纲 宣宗第二子。道光七年，薨。三十年，追封顺郡王。谥曰和。无嗣。													
奕继													

宣宗第三子。道光九年，薨。三十年，追封慧郡王。谥曰质。无嗣。													
奕𬤊 宣宗第五子。道光二十六年，嗣绵恺后。袭惇郡王。咸丰五年，降	**载濂** 奕𬤊第一子。同治元年，封二等镇国将军，寻晋不入八分镇国												

公。十一年，晋辅国公。光绪十五年，袭贝勒，加郡王衔。二十六年，以罪革爵。	溥僎 载漪第一子。光绪二十年，封一等镇国将军。
贝勒。六年，复封郡王。十年，晋惇亲王。光绪十五年，薨。谥曰勤。	载漪 奕誴第二子，奕志嗣子。咸丰十年，袭贝勒。光绪

十四年，加郡王衔。二十年，晋端郡王。二十六年，以罪革爵，发新疆永远监禁。二十八年，命仍归本支。	**溥俊** 载漪第二子。光绪二十五年，立为大阿哥。二十七年，因载漪获罪，撤大阿哥名号，赏八分公衔俸。
载澜 奕誴第三子。同	

载瀛	治十二年，封三等辅国将军。光绪十年，晋二等镇国将军。十五年，晋不入八分辅国公。二十六年，以罪革爵，发新疆永远监禁。

奕谅第四子。光绪十五年，封二等镇国将军。二十年加不入八分辅国公衔。二十八年，袭贝勒。	
载津 奕谅第五子。光绪十五年，封二	**溥修** 载濂子，载津嗣子。光绪二十二

	等镇国将军。二十年，加不入八分辅国公衔。二十二年，卒。	年，袭二等镇国将军。
奕䜣 宣宗第六子。道光三十年，封恭亲王。同治十三年，降郡王。寻复	载澂 奕䜣第一子。咸丰十年，封辅国公。同治元年，晋贝勒。十二年，加	溥伟 载滢第一子。载澂嗣子。光绪二十二年，封贝勒。二十四年，袭恭

亲王。光绪二十四年,薨。谥曰忠。以有功社稷,配享太庙。	郡王衔。十三年,革爵,寻复封贝勒,加郡王衔。光绪十一年,卒。谥曰果敏。	亲王。											
	载滢 奕䜣第二子,奕诒嗣子。同治三年,封不入八分镇国公。												

七年，袭贝勒。光绪十五年，加郡王衔。二十六年，以罪革爵仍归本支。
载浚 奕䜣第三子。同治三年，封辅国公。五年，卒。无嗣。
载潢

奕䜣第四子。光绪七年，封不入八分辅国公。十一年,卒。无嗣。	载洸 奕譞第四子。光绪七年，封辅国公。十年，卒。无嗣。	载澧
	奕譞 宣宗第七子。道光三十年,封醇郡王。同治三年，加亲王衔。十一	

年，晋醇亲王。光绪十六年，薨。尊为皇帝本生考。谥曰贤。	奕谡第五子。光绪十年，封不入八分辅国公。十五年，晋镇国公。十六年，袭醇亲王。三十四年，命为监国摄政王。宣统三年，罢去监国摄

	政王。												
奕詥 宣宗第八子。道光三十年，封钟郡王。同治七年，薨。谥曰端。	载涛 奕譞第七子，奕詥嗣子。光绪十六年，封二等镇国将军。晋不入八分辅国公。二十三年，嗣贝子奕谟后。二十八年，改嗣												

	奕谘后袭贝勒。三十四年,加郡王衔。											
奕谌 宣宗第九子。道光三十年,封孚郡王。同治十一年,加亲王衔。光绪三年,薨。谥曰敬。	载沛 奕栋第六子,奕谌嗣子。光绪三年,袭贝勒。四年,卒。	溥仟 载瀛子,奕谌嗣孙。光绪二十四年,封贝子。										
	载澍 奕瞻子,奕谌嗣子。光绪											

	四年，袭贝勒。二十三年，缘事革爵。												

文宗系

悯郡王 文宗第二子。未命名。早薨。咸丰十一年，追封。													

清史稿卷一六六

表第六

公主表

属	母	名	封	下嫁	生薨	额驸事略	附载
显祖第一女	宣皇后生。			岁癸未八月，下嫁噶哈善哈斯虎。		噶哈善哈斯虎，伊尔根觉罗氏，附见常书传。	太祖又以女弟下嫁扬书，扬书，郭络罗氏，与常书合传。主旋与扬书不睦。天命八年九月薨。雍正间，追赠和硕公主。太祖又以女弟和硕公主降额

							亦都，皆不见于玉牒。
太祖第一女	元妃佟佳氏生。	称为东果格格。	固伦公主。	岁戊子，下嫁何和礼。	岁戊寅二月生，顺治九年七月薨。年七十五。	何和礼，栋鄂氏，有传。	
太祖第二女	侧妃伊尔根觉罗氏生。	称为嫩哲格格。	和硕公主。	天命初，下嫁达尔汉。	岁丁亥生，顺治三年七月薨。年六十。	达尔汉，郭络罗氏，附常书传。	
太祖第三女	继妃富察氏生。	莽古济。		天聪三年，下嫁琐木诺杜陵。	生年无考。天聪九年九月，以骄暴削格格号。十二月，以家奴讦告与母兄	琐木诺杜棱，博尔济吉特氏，蒙古敖汉部长。尚主，赐号济农。主罪诛。削号。顺治元年卒。五年，追封郡王。	莽古济以罪诛，玉牒不列。

					莽古尔泰等谋，逆诛死。		
太祖第四女	庶妃嘉穆瑚觉罗氏生。	穆库什。		岁戊申，下嫁布占泰。	岁乙未生。	布占泰，纳拉氏，乌喇贝勒，有传。	主适布尔泰为所轻，射以鸣镝，太祖讨布占泰，以主归。
太祖第五女	庶妃嘉穆瑚觉罗氏	生。		岁戊申下嫁达启。	岁丁酉生，岁癸丑四七。	达启，钮祜禄氏，额亦都子，附见额亦都传。月薨。年十	
太祖第六女生。	庶妃嘉穆瑚觉罗氏			岁癸丑下嫁苏纳。	岁庚子生，顺治三年九月薨。年四十七。	苏纳，叶赫纳喇氏，附见阿什达尔汉传。	
太祖第七女	庶妃伊尔根觉罗氏生。		乡君品级。	天命四年十月，下嫁鄂札伊。	岁甲辰三月生，康熙二十四年	鄂札伊，纳喇氏，牛录章京世职。崇德六年四月，战死。	

					四月薨。年八十二。		
太祖第八女	侧妃叶赫纳喇氏生。		和硕公主。	天命十年正月下嫁，固尔布什。	岁壬子十二月生，顺治三年二月薨。年三十五。	固尔布什，博尔济吉特氏，附恩格德尔传。	
太祖抚弟庄亲王舒尔哈齐第四女			初封郡王，进和硕公主。	岁丁已二月，下嫁恩格德尔。	岁庚寅六月生，顺治六年四月薨。年六十。	恩格德尔，博尔济吉特氏，有传。	太祖尚有女：一下嫁吴尔古代。吴尔古代，哈达纳喇氏，附见万传，玉牒不列，不知所自出。一下嫁图尔格。图尔格，钮祜禄氏，有传。主与之不睦。崇德间离婚，命兄巴布泰、弟巴布海养赡。是必庶妃嘉穆瑚觉罗氏

							所生，玉牒亦不列。又太祖尝言：“巴图鲁伊拉喀，朕以女妻之，乃不终效力，无端弃妻。恐后生变，故杀之。”此又一女也，玉牒亦不列。并附载于此。
太宗第一女	继妃乌喇纳喇氏生。		固伦公主。	天聪七年正月，下嫁班第。	天命六年三月生，顺治十一年正月薨，年三十四。	班第，博尔济吉特氏，敖汉部台吉，太祖婿琐诺木杜陵弟之子也。崇德元年，进敖汉郡王。顺治十三年，卒。	
太宗第二女	孝端文皇后生。	马喀塔。	初封固伦公主。顺治十三年，进固伦长公主。十六年，	天聪十年正月，下嫁额哲。	天命十年八月生，康熙二年三月薨，年三十九。	额哲，博尔济吉特氏，察哈尔林丹汗子，号额尔孔果洛尚主，封察哈尔亲王。六年，卒。	额哲弟阿布鼐亦尚主，生子布尔尼。主薨后，布尔尼以叛诛，阿布鼐亦坐死。诏仍收葬主坟园。玉牒不列。

			封永宁长公主。复改温庄长公主。				
太宗第三女	孝端文皇后生。		初封固伦公主。顺治十四年进固伦长公主。十六年，封延庆长公主。复改靖端长公主。	崇德四年正月，下嫁奇塔特。	天聪二年七月生，康熙二十五年五月薨，年五十九。	奇塔特，博尔济吉特氏，孝庄文皇后兄子。崇德八年，赐固伦额驸仪仗。顺治六年，封科尔沁郡王。八年，卒。	
太宗第四女	孝庄文皇后生。	雅图。	初封固伦公主。顺治十四年，进固伦长公	崇德六年正月，下嫁弼尔塔哈尔。	天聪三年正月生，康熙十七年闰三月薨，	弼尔塔哈尔，博尔济吉特氏，亦孝庄文皇后兄子。主既受聘，以弼尔塔哈尔父卓礼	

			主。十六年，封兴平长公主。复改雍穆长公主。		年五十。	克图亲王吴克善有罪，太宗怒，欲绝其婚。吴克善入朝服罪，仍许弼尔塔哈尔尚主。崇德八年，赐固伦额驸仪仗。康熙五年，袭封亲王。六年，卒。	
太宗第王女	孝庄文皇后生。	阿图。	顺治十四年，封固伦长公主。十六年，封和硕长公主。复改淑慧长公主。	顺治五年二月，下嫁色布腾。	天聪六年二月生，康熙三十九年正月薨，年六十九。	色布腾，博尔济吉特氏，初封辅国公。顺治七年，进封巴林郡王。康熙十七年，卒。	主为孝庄文皇后所爱，康熙十二年，孝庄文皇后有疾，圣祖使迎至京师。后屡入朝，三十一年，诏设护卫长史，视贝勒例。
太宗第六女	侧妃札鲁特博尔济吉特氏生。		固伦公主。	顺治元年十二月，下嫁夸札。	天聪七年十一月生，顺治六年	夸札，伊尔根觉罗氏，固山额真、一等精奇尼哈番阿山子。顺治	

					三月薨，年十七。	六年主薨后，逾月卒。	
太宗第七女	孝庄文皇后生。		初号淑哲公主。嗣封固伦公主。谥端献。	下嫁铿吉尔格。	天聪七年十一月生，顺治五年二月薨，年十六。	铿吉尔格，博尔济吉特氏，内大臣、二等梅勒章京鄂齐尔桑子。	实录言崇德六年二月，以主许字鄂齐尔桑子铿吉十格。顺治二年正月，下嫁鄂齐尔桑子喇麻思。鄂齐尔桑传言子喇麻喇尚主，授固伦额驸。玉牒但书铿吉尔格，当是铿吉尔格改名喇麻思，译又作喇麻喇耳。
太宗第八女	孝端文皇后生。		初封固伦公主。顺治十四年，封图伦长公	顺治二年四月，下嫁巴雅斯护朗。	天聪八年闰八月生，康熙三十一年正月	巴雅斯护朗，博尔济吉特氏，土谢图亲王巴达礼子。康熙十一年袭爵。是年卒。	

			主。十六年，封昌乐长公主。复改永安长公主。谥端贞。		薨，年五十九。		
太宗第九女	侧妃札噜特博尔济吉特氏生。			顺治五年九月，下嫁哈尚。	天聪九年九月生，顺治九年三月薨，年十八。	哈尚，博尔济吉特氏，尚主。顺治八年，卒。	
太宗第十女	庶妃纳喇氏生。		县君。	顺治八年八月，下嫁辉塞。	天聪九年十月生，顺治十八年八月薨，年二十九。	辉塞，瓜尔佳氏，固山额真、一等公图海子，附见图海传。	
太宗第十一女	懿靖大贵妃阿霸垓		固伦公主。顺治间，进	顺治四年十二月，下	崇德元年三月生，顺	噶尔玛索诺木，博尔济吉特氏，阿霸垓部	

	博尔济吉特氏生。		固伦长公主。谥端顺。	嫁噶尔玛索诺木。	治七年七月薨，年十五。	人尚主，授一等精奇尼哈番，主薨后，以礼亲王代善女妻焉。加少侣兼太子太保。康熙三年，卒。	
太宗第十二女	母氏阙。		乡君品级。	顺治八年八月，下嫁班第。	崇德二年三月生，康熙十七年十月薨，年四十二。	班第，博尔济吉特氏，官头等侍卫。康熙十年，授理藩院侍郎。三十年，迁理藩院尚书。三十九年，卒。	
太宗第十三女	庶妃纳喇氏生。			顺治九年二月，下嫁拉哈。	崇德三年七月生，顺治十四年四月薨，年二十。	拉哈，瓜尔佳氏，官梅勒额真。	
太宗第十四女	庶妃察哈尔奇垒氏		初封和硕公主。顺治	顺治十年八月，下嫁	崇德六年十二月生，	吴应熊，三桂子。尚主，授三等精奇尼哈番，	主以夫被诛，圣祖常慰藉之。尝有疾，手诏

	生。		十四年，进和硕长公主。十六年，封建宁长公主。复改恪纯长公主。	吴应熊。	康熙四十三年十二月薨，年六十三。	加少保兼太子太保。康熙初，进少傅兼太子太傅。十三年，三桂反。十四年，并其子世霖皆诛死。	宣谕，谓主为叛寇所累。久之乃薨。
太宗抚从兄克勤郡王岳托等一女			和硕公主。	天聪二年正月，下嫁曼珠习礼。	岁乙卯二月生，崇德二年七月薨，年二十三。	曼珠习礼，博尔济吉特氏，科尔沁台吉。尚主，赐号达尔汉巴图鲁。崇德元年，封郡王。顺治十六年，进封和硕达尔汉亲王。康熙四年，卒。	
太宗抚从兄贝勒图伦		号肫哲公主。	和硕公主。	天命十一年五月，下嫁奥巴。	岁壬子七月生，顺治五年薨，年	奥巴，博尔济吉特氏，科尔沁台吉。尚主，赐土谢图汗号。天聪六	主为太祖从孙女，天命间抚育宫中。玉牒系于太宗行辈相当，

女						年，卒。	今特从之。奥巴长子巴达礼亦尚主，巴达礼初授台吉，赐号土谢图济农，进亲王。康熙十年卒。玉牒不列。太宗尚有女下嫁索尔哈。索尔哈，博尔济吉特氏，额驸、三等总兵官恩格德尔子。其兄额尔克戴青授三等甲喇章京，以索尔哈袭。顺治初卒。玉牒亦不列，不知所自出。附载于此。
世祖第一女	庶妃陈氏生。		未封。	顺治九年三月生，十年十月殇。			

世祖第二女	庶妃杨氏生。		初封和硕公主。康熙间，进封恭慤长公主。	康熙六年二月，下嫁讷尔杜。	顺治十年十二月生，康熙二十四年十月薨，年三十三。	讷尔杜，爪尔佳氏，官领侍卫内大臣，加少傅。以从父太师、辅政大臣鳌拜得罪，坐夺官。寻复起，康熙十五年，加太子少师，卒。	
世祖第三女	庶妃巴氏氏生。		未封。		顺治十年十二月生，十五年三月殇。		
世祖第四女	庶妃乌苏生。		未封。		顺治十一年十二月生，十八年三月殇。		
世祖第五女	庶妃王氏生。		未封。		顺治十一年十二月生，十七年		

					十二月殇。		
世祖第六女	庶妃纳喇氏生。		未封。		顺治十一年十二月生，十八年二月殇。		
世祖抚兄承泽亲王硕塞第二女			和硕公主。	顺治十七年六月，下嫁尚之隆。	顺治五年八月生，康熙三十年十一月薨，年四十四。	尚之隆，平南亲王可喜子，附可喜传。	
世祖抚从兄简亲王济度第二女			初封和硕端敏公主。雍正元年，进封固伦端敏公主。	康熙九年九月，下嫁班第。	顺治十年六月生，雍正七年五月薨，年七十七。	班第，博尔济吉特氏，曼珠习礼孙。尚主，袭科尔沁达尔汉亲王。康熙四十九，卒。	
世祖抚			和硕柔嘉	康熙二年	顺治九年	耿聚忠，靖南王耿继	

从兄安郡王岳乐第二女			公主。	十一月下，嫁耿聚忠。	五月生，十二年七月薨，年二十二。	茂子，附其祖仲明传。	
圣祖第一女	庶妃张氏生。		未封。		康熙七年十一月生，十年十一月殇。		
圣祖第二女	端嫔董氏生。		未封。		康熙十年三月生，十二年二月殇。		
圣祖第三女	荣妃马佳氏生。		初封和硕荣宪公主。四十八年，进封固伦荣宪公主。	康熙三十年六月，下嫁乌尔滚。	康熙十二年五月生，雍正六年四月薨，年五十六。	乌尔滚，博尔济吉特氏，色布腾孙。尚主。康熙四十三年，袭巴林郡王。五十八年，命从征西陲。六十年，卒于军。	乌尔滚父鄂齐尔淑慧长公主所出也。主下嫁之明年，命设护卫长史，视贝勒例。

圣祖第四女	庶妃张氏生		未封。		康熙十三年二月生，十七年十二月殇。		
圣祖第五女	贵人兆佳氏生。		和硕端静公主。	康熙三十一年十月，下嫁噶尔臧。	康熙十三年五月生，四十九年三月薨，年三十七。	噶尔臧，乌梁罕氏。尚主，袭喀喇沁杜陵郡王。康熙五十年，坐事夺爵。六十一年，卒。	主下嫁之明年，命设护卫长史，视贝勒例。
圣祖第六女	贵人郭络罗氏生。		初封和硕公主。康熙四十五年，封和硕恪靖公主。雍正元年，进固伦恪靖公主。	康熙三十六年十一月，下嫁敦多布多尔济。	康熙十八年五月生，雍正十三年三月薨，年五十七。	敦多布多尔济，博尔济吉特氏，袭喀尔喀郡王。尚主，进亲王。四十一年，坐事降郡王。雍正元年，以军功复进亲王。八年卒。	

圣祖第七女	孝恭仁皇后生。		未封。		康熙二十一年六月生，八月殇。		
圣祖第八女	孝懿仁皇后生。		未封。		康熙二十二年六月生，闰八月殇。		
圣祖第九女	孝恭仁皇后生。		和硕温宪公主。雍正元年，追进封固伦温宪公主。	康熙三十九年九月，下嫁舜安颜。	康熙二十二年九月生，四十一年七月薨，年二十。	舜安颜，佟佳氏，佟国维孙。尚主，授额驸。康熙四十八年，以党附皇八子允禩削额驸，禁锢，后释之。雍正二年，命总理三陵事务，授领侍卫内大臣，卒。	
圣祖第十女	通嫔纳喇氏生。		和硕纯悫公主。雍正十年，追进	康熙四十五年五月，下嫁策棱。	康熙二十四年二月生，四十九	策棱，博尔济吉特氏，有传。	主葬京师郊外，策棱合葬。

			封固伦纯慤公主		年三月薨，年二十六。		
圣祖第十一女	温僖贵妃钮祜禄氏生。		未封。		康熙二十四年九月生，二十五年五月殇。		
圣祖第十二女	孝恭仁皇后生。		未封。		康熙二十五年闰四月生，三十六年闰三月殇。		
圣祖第十三女	敬敏皇贵妃章佳氏生。		和硕温恪公主。	康熙四十五年七月，下嫁仓津。	康熙二十六年十一月生，四十八年六月薨，年二十三。	仓津，初名班第，博尔济吉特氏，袭翁牛特杜棱郡王。尚主。雍正五年，坐事夺爵。	

圣祖第十四女	贵人袁氏生。		和硕慤靖公主。	康熙四十五年，下嫁孙承运。	康熙二十八年十二月生，乾隆元年十一月薨，年四十八。	孙承运，甘肃提督，一等阿思哈尼哈番思克子。袭爵，授散秩大臣。尚主。五十八年，卒。	
圣祖第十五女	敬敏皇贵妃章佳氏生。		和硕敦恪公主。	康熙四十七年十二月，下嫁多尔济。	康熙三十年正月生，四十八年十二月薨，年十九。	多尔济，博尔济吉特氏，科尔沁台吉。尚主，授额驸。康熙五十八年，坐事削额驸，仍予台吉品级，五十九年，卒。	
圣祖第十六女	庶妃王氏生。		未封。		康熙三十四年十月生，四十六年十月殇。		
圣祖第	庶妃刘氏		未封。		康熙三十		

十七女	生。				七年十二月生,三十九年十一月殇。		
圣祖第十八女	惇怡皇贵妃瓜尔佳氏生。		未封。		康熙四十年十月生,寻殇。		
圣祖第十九女	襄嫔高氏生。		未封。		康熙四十二年二月生,四十四年二月殇。		
圣祖第二十女	庶妃钮祜禄氏生。		未封。		康熙四十七年十一月生,十二月殇。		
圣祖抚弟恭亲			初封和硕纯禧公主。	康熙二十九年三月,	康熙十年十一月生,	班第,博尔济吉特氏,科尔沁台吉。尚主。累	主下嫁后二年,命设护卫长史,视贝勒例。

王常宁第一女			雍正元年，进封固伦纯禧公主。	下嫁班第。	乾隆六年十二月薨，年七十一。	官内大臣、都统、前锋统领。雍正四年，卒。乾隆十八年，追谥恭勤。	班第卒后，居京师。病笃，乃请还旗。
世宗第一女	懋嫔宋氏生。		未封。		康熙三十三年三月生，未逾月殇。		
世宗第二女	齐妃李氏生。		初封郡君，进郡王。雍正元年，追进封和硕怀恪公主。	康熙五十一年，下嫁星德。	康熙三十：四年七月生，五十六年三月薨，年二十三。	星德，纳喇氏。雍正十二年，命往达里刚爱操练蒙古兵。乾隆元年召还。四年，卒。	
世宗第三女	懋嫔宋氏生。		未封。		康熙四十五年十二月生，未逾月殇。		
世宗第	敦肃皇贵		未封。		康熙五十		

四女	妃年氏生。				四年三月生，五十六年五月殇。		
世宗抚兄理亲王允礽第六女			和硕淑慎公主。	雍正四年十二月，下嫁观音保。	康熙四十七年正月生，乾隆四十九年九月薨，年七十七。	观音保，博尔济吉特氏，科尔沁部人。官理藩院额外侍郎。雍正十三年，卒。	
世宗抚弟怡亲王允祥第四女			和硕和惠公主。	雍正七年十二月，下嫁多尔济塞布腾。	康熙五十三年十月生，雍正九年十月薨，年十八。	多尔济塞布腾，博尔济吉特氏，喀尔喀亲王丹津多尔济子。尚主，封世子。以丹津多尔济冒功，坐削爵。十三年，卒。	
世宗抚弟庄亲			和硕端柔公主。	雍正八年十二月，下	康熙五十三年二月	齐默特多尔济，博尔济吉特氏，科尔沁郡	

王允禄第一女				嫁齐默特多尔济。	生，乾隆十九年十二月薨，年四十一。	王罗卜藏喇什子。尚主，袭爵。四十七年，卒。	
高宗第一女	孝贤纯皇后生。		未封。		雍正六年十月生，七年十二月殇。		
高宗第二女	哲悯皇贵妃富察氏生。		未封。		雍正九年四月生，十二月殇。		
高宗第三女	孝贤纯皇后生。		固伦和敬公主。	乾隆十二年三月，下嫁色布腾巴尔珠尔。	雍正九年七月生，乾隆五十七年六月薨，年六十二。	色布腾巴尔珠尔，博尔济吉特氏，世祖从女端敏公主额驸班第孙。封科尔沁辅国公。尚主。乾隆十七年，进袭亲王。二十年，赐	

						双倖，增护卫。坐纵阿睦尔撒纳夺爵。二十三年，复以军功封亲王，授理藩院尚书、金川参赞大臣。被劾，复夺爵职幽禁。三十八年，复额驸金川参赞大臣，授领侍卫内大臣。四十年，卒于军，复亲王，谥曰毅。	
高宗第四女	纯惠皇贵妃苏氏生。		和硕和嘉公主。	乾隆二十五年正月，下嫁福隆安。	乾隆十年十二月生，三十二年九月薨，年二十三。	福隆安，富察氏，大学士一等忠勇公傅恒子，附傅恒传。	
高宗第五女	皇后纳喇氏生。		未封。		乾隆十八年六月生，		

					二十年四月殇。		
高宗第六女	忻贵妃戴氏生。		未封。		乾隆二十年七月生，二十三年八月殇。		
高宗第七女	孝仪纯皇后生。		固伦和静公主。	乾隆三十五年七月，下嫁拉旺多尔济。	乾隆二十一年七月生，四十年正月薨，年二十。	拉旺多尔济，博尔济吉特氏，额驸超勇亲王策棱孙。封世子。尚主，袭爵。历官领侍卫内大臣、都统赐御用补服。嘉庆二十一年，卒。	
高宗第八女	忻贵妃戴佳氏生。		未封。		乾隆二十二年十二月生，三十二年五月		

					殇。		
高宗第九女	孝仪纯皇后生。		和硕和恪公主。	乾隆三十七年八月，下嫁札兰泰。	乾隆二十三年七月生，四十五年十一月薨，年二十三。	札兰泰，乌雅氏，协办大学士、一等武毅谋勇公兆惠子，附兆惠传。	
高宗第十女	惇妃汪氏生。		固伦和孝公主。	乾隆五十四年十一月，下嫁丰绅殷德。	乾隆四十年正月生，道光三年九月薨，年四十九。	丰绅殷德，和坤子，附《和坤传》。	主，高宗少女，素所钟爱，未嫁，赐垂金顶轿。和坤得罪，籍没。仁宗命留资为主养赡。丰绅殷德再赐公爵品级，亦以主故推恩也。
高宗抚弟和亲王宏昼女			和硕和婉公主。	乾隆十五年十二月，下嫁德勒克。	雍正十二年六月生，乾隆二十五年三月	德勒克，博尔济吉特氏。尚主，袭巴林辅国公。乾隆四十八年，进贝子，授理藩院额外	

					薨，年二十七。	侍郎。五十九年，卒。	
仁宗第一女	简嫔关佳氏生。		未封。		乾隆四十五年四月生，四十八年十一月殇。		
仁宗第二女	孝淑睿皇后生。		未封。		乾隆四十五年四月生，四十八年八月殇。		
仁宗第三女	和裕皇贵妃刘氏生。		庄敬和硕公主。	嘉庆六年十一月，下嫁索特纳木多布济。	乾隆四十六年十二月生，嘉庆十六年三月薨，年三十一。	索特纳木多布济，博尔济吉特氏，额驸科尔沁郡王齐默特多尔济孙，袭爵。尚主，授御前大臣，赐紫韁。嘉庆二十五年，受顾命。	主葬王佐村，乾隆以上，公主封号皆系于固伦、和硕之下。嘉庆中，改冠于上。道光二十四年，宣宗谕定先列封号，次别固伦、和

						道光五年卒，进亲王。无子，以从子僧格林沁为后。	硕，书法始定。
仁宗第四女	孝淑睿皇后生。		庄静固伦公主。	嘉庆七年十一月，下嫁玛尼巴达喇。	乾隆四十九年九月生，嘉庆十六年五月薨，年二十八。	玛尼巴达喇，博尔济吉特氏，衮土默特贝子。尚主，赐紫韁。历官前锋统领、都统、御前大臣，加郡王衔，赐四团龙补服。道光十一年，进贝勒。十二年，卒。	主葬王佐村。
仁宗第五女	逊嫔沈氏生。		追封慧安和硕公主。		乾隆五十一年十一月生，六十年五月殇。		主葬梁格庄。
仁宗第六女	华妃侯氏生。		未封。		乾隆五十四年六月生，五十五		

					年五月殇。		
仁宗第七女	孝和睿皇后生。		未封。		乾隆五十八年六月生，六十年六月殇。		
仁宗第八女	恭顺皇贵妃钮祜禄氏生。		未封。		嘉庆十年二月生，十一月殇。		
仁宗第九女	恭顺皇贵妃钮祜禄氏生。		追封慧愍固伦公主。		嘉庆十六年正月生，二十年五月殇。		主葬梁格庄。
宣宗第一女	孝慎成皇后生。		追封端悯固伦公主。		嘉庆十八年七月生，二十四年十月殇。		主葬许家峪。
宣宗第	祥妃钮祜		未封。		道光五年		

二女	禄氏生。				正月生，七月殇。		
宣宗第三女	孝全成皇后生。		追封端顺固伦公主。		道光五年二月生，十五年十一月殇。		
宣宗第四女	孝全成皇后生。		寿安固伦公主	道光二十一年十月，下嫁德穆楚札克布。	道光六年四月生，咸丰十年闰三月薨，年三十五。	德穆楚札克布，博尔济吉特氏，奈曼部台吉。尚主。袭奈曼部札萨克郡王。历官御前大臣、都统，赐紫辔、黄辔、亲王补服。同治四年卒，进亲王。	
宣宗第五女	祥妃钮祜禄氏生。		寿臧和硕公主。	道光二十二年十一月，下嫁恩崇。	道光九年十月生，咸丰六年七月薨，年二	恩崇初名恩醇，那木都鲁氏。尚主。历官副都统、内务府总管。同治三年，卒。	

					十八。		
宣宗第六女	孝静成皇后生。		寿恩固伦公主。	道光二十五年四月，下嫁景寿。	道光十年十二月生，咸丰九年四月薨，年三十八。	景寿，富察氏，将军、一等诚嘉毅勇公明瑞之裔，有传。	
宣宗第七女	彤贵妃舒穆噜氏生。		未封。		道光二十年七月生，二十四年十二月殇。		
宣宗第八女	彤贵妃舒穆噜氏生。		寿禧和硕公主。	同治二年十月，下嫁札拉丰阿。	道光二十一年十一月生，同治五年八月薨，年二十六。	札拉丰阿，初名瑞林，钮祜禄氏，官卫前侍卫。尚主。历官副都统、护军统领、都统、管神机营、赐紫韁、固伦额驸补服。光绪二十四年，卒。	

宣宗第九女	庄顺皇贵妃乌雅氏生。		初封寿庄和硕公主。光绪七年，进封寿庄固伦公主。	同治二年十一月，下嫁德徽。	道光二十二年二月生，光绪十年二月薨，年四十三。	德徽，博罗特氏，都统、一等诚勇公班第之裔。尚主，授散秩大臣。同治四年，卒。	
宣宗第十女	彤贵妃舒穆噜氏生。		未封。		道光二十四年三月生，二十五年正月殇。		
文宗女	庄静皇贵妃他他拉氏生。		荣安固伦公主。	同治十二年八月，下嫁符珍。	咸丰五年五月生，同治十三年十二月薨，年二十。	符珍，初名瑞煜，瓜尔佳氏，固山额真、一等雄勇公图赖之裔，袭爵。尚主。历官散秩大臣、副都统、护军统领、御前大臣、都统、内大臣、赐紫韁。宣统元年，卒。	

文宗抚弟恭亲王奕䜣第一女			荣寿固伦公主。	同治五年九月，下嫁志端。	咸丰四年二月，生。	志端，富察氏，都统、袭一等诚嘉毅勇公景寿子，一品荫生。尚主，赐双眼花翎。同治十年，卒。	

清史稿卷一六七
表第七

外戚表序

班书始立《外戚恩泽侯表》，辽、明二史因之。辽外戚不皆有封爵，然世选北府宰相预政事。明则扬、徐二王仅假虚号，自后皆封侯伯。嘉靖间，诏不得与汗马余勋并列。惟分封大邑，带砺相承，未尝区以别也。清初，太祖娶于叶赫，草昧干戈，制度未备。太宗、世祖娶于蒙古，追进崇封，外戚恩泽自此始。雍正八年，世宗诏定外戚为承恩公。乾隆四十三年，高宗又诏后族承恩，与佐命功臣栉风沐雨、拓土开疆者实难并论，俱改为三等公。名既专属，等复攸殊，裁抑制防，视明尤肃。用是终清世外家皆谨守法度，无预政事者，不可谓非诒谋之善也。《明史》用班氏例，兼及宦官、恩倖之得封者，尤清所未有。兹次第诸后族为《外戚表》。凡以外戚封，及其家初有爵以外戚进者皆入焉。后族别以功封，仍列《功臣世爵表》。

外戚表

一世	二世	三世	四世	五世	六世	七世	八世	九世	十世	十一世	十二世
孝慈高皇后父扬吉努姓纳喇氏叶赫贝勒。											
孝端文皇后父莽古思											

姓博尔济吉特氏。世居科尔沁左翼中旗。崇德二年六月庚寅，追封和硕福亲王。											
孝庄文皇后父宰桑 莽古思子。顺治	满珠习礼 宰桑子。顺治十六年五月乙巳，	和拖 满珠心礼长子。康熙四年七月丙戌袭，	班第 和拖长子。康熙十年三月丁丑袭。	罗布藏衮布 班第长子。康熙四十九	色腾巴勒珠尔 罗布藏衮布三子。乾隆						

十一年五月壬辰，追赠和硕忠亲王。	晋封科尔沁达尔汗巴图鲁亲王。	停巴图鲁名号。		年十一月乙未袭。	十七年袭。二十年有罪黜。						
					色旺诺尔布 罗布藏衮布次子。乾隆二十年袭。	旺扎勒多尔济 色旺诺尔布长子。乾隆三十九年袭。	丹曾旺布 旺扎勒多尔济长子。嘉庆三年袭。	布彦温都尔 丹曾旺布子。嘉庆十三年袭。	索特那木绷苏克 布彦温都尔子。道光十八年袭。	棍布旺济勒 索特那木绷苏克子。同治十三年二月辛巳袭。	那木济勒色楞 棍布旺济勒子。光绪十年袭。
孝惠章皇后父绰尔	鄂绰尔 绰尔济长子。康	巴克什固尔 鄂绰尔	阿喇布坦 巴克什固尔长	萨木丕勒扎木素	三音察衮 萨木丕勒扎木	色楞多尔济 三音察	贡格拉布坦 色楞多	桑鲁布多特赛 贡格拉			

济 满珠习礼子,科尔沁镇国公。康熙元年十月戊申,晋封贝勒。	熙九年十二月戊戌袭。	长子。康熙二十一年三月乙亥袭。	子。康熙五十九年十二月丁未袭。	阿喇布坦四子。雍正十三年七月壬戌袭。	素嗣子。乾隆二十二年袭。	衮子。嘉庆七年八月壬子袭。	尔济子。道光三年十一月庚寅袭。	布坦子。咸丰九年袭。			
								昂噶扣 桑鲁布多特赛从弟。同治五年二月乙未袭。	济克登达克斋瓦 昂噶扣子光绪十年袭。	济克登诺尔布林沁札木苏 济古登达克齐瓦长子。光绪三十二年袭。	
孝康章皇后父	佟国纲 佟图赖	鄂伦岱 佟国纲									

佟图赖 隶满洲镶黄旗。官兵部尚书、都统。康熙间,追封一等公。赠太师,谥勤襄。佟图赖父佟养真,官游击世职,追封一等公,谥	子。康熙六年八月,袭一等公,征厄鲁特,殁于阵,赠太师,谥忠勇。	子。康熙二十九年十二月袭。雍正三年五月,有罪爵黜。									
		夸岱 佟国纲子鄂伦岱弟。雍正三年五月袭。	纳穆图 夸岱子。官都统。雍正八年九月袭。卒谥荣靖	嗣存 纳穆图子。官散秩大臣。乾隆三十二年袭。谥悫僖。	晋玺 嗣存子。乾隆三十四年袭。						
					书明阿 嗣存继子。官杭州将军。	裕诚 书明阿子。	克昌 裕诚子。	坤林 克昌子			
								倚功 克昌从子。宣统			

忠烈。					乾隆三十九年袭。四十三年改为三等公。卒。谥勤敏。			三年十二月戊申袭。			
孝献皇后父鄂硕 姓董鄂氏。隶满洲正白旗。顺治十四年二月，晋	费扬古 鄂硕子。顺治十五年二月袭。康熙三十六年七月以战功晋封	陈泰 费扬古子。降袭一等侯。康熙四十年十二月，有罚爵黜。 图把 陈泰弟。	图桑阿								

封三等伯。	一等公。卒。谥襄壮。	雍正十年五月袭。	图把子。乾隆十年袭。								
孝诚仁皇后父噶布拉 姓赫舍里氏。隶	长泰 噶布拉子。康熙二十一年正月袭。有罪爵黜。										
满洲正白旗。康熙十三年十二月，追封一等公加太子	伦布 长泰弟。雍正五年十月，袭一等公。有罪爵黜。										

少保。卒，谥恪僖。											
达尔玛 伦布叔。雍正九年袭。寻卒。											
法尔玛 达尔玛兄。雍正九年十二月，庚戌。袭一等公。	善保 法尔玛从子。乾隆二十三年十二月庚子袭。有罪爵黜。四十七	双福 善保长子。嘉庆十二年十二月丙辰袭。	禄丰 双福子。道光十九年十二月己卯袭。	和瑞 禄丰嗣子。咸丰八年十二月丁巳袭。	玉山 和瑞子。光绪六年十二月辛亥巳袭。	兴安 玉山子。光绪十五年十二月戊子袭。					

	年四月，复爵。										
阿尔景阿善保叔。乾隆二十九年九月甲申袭。四十三年改为三等公。有罪爵黜。											
孝昭仁皇后父遏必	法喀遏必隆子。康熙六年八										

隆姓钮祜禄氏。隶满洲镶黄旗。额亦都第六子。宫銮仪卫掌卫事大臣，加少保。辅政大臣，加太师从征山东、湖广有功，袭一等子，	月，袭一等公。二十五年，有罪爵黜。

晋封一等公。卒。谥恪僖。											
孝懿仁皇后父佟国维 佟图赖子。官内大臣。康熙间,封一等公。卒。赠太师,谥端纯。	隆科多 佟国维子。康熙六十一年袭。有罪爵黜。										
	庆复 隆科多弟。雍正五年,六月袭。乾隆十二年,有罪										

	停袭。										
孝恭仁皇后父卫武 姓乌雅氏。隶满洲正黄旗。官护军参领。雍正元年二月癸丑,追封卫武祖额布根,父内大臣额	博启 卫武子。雍正元年二月癸丑袭一等公。	博永 博启子。乾隆十九年四月癸未袭。	希明 博永子。乾隆二十三年十二月甲申袭。	志福 希明子。乾隆年袭。四十三年改为三等承恩公。	吉祥保 志福子。嘉庆五年十二月乙丑袭。	增喜 吉祥保子。道光二十八年十二月庚辰袭。	瑞兴 增喜子。咸丰五年十二月丙午袭。	振升 瑞兴嗣子。			

森三代一等公。											
孝敬宪皇后父费扬古 姓纳喇氏。隶满洲正黄旗。官正一品步军统领。雍正元年十二月戊子，追封一	五格 费扬古子。雍正十三年十月辛卯，袭一等公，世袭罔替。	德保 五格子。官都统。乾隆十六年五月甲午袭。有罪爵黜。									
		德禄 五格第二子。乾隆十九年十二月戊寅袭。	嵩山 德禄孙。乾隆四十一年十二月癸丑袭。四十三	承恒 嵩山子。嘉庆十八年十二月丁未袭。	继善 承恒嗣子。道光六年十二月甲子袭。	肇馨 继善子。同治二年十二月乙丑袭。	麟征 肇兴子。光绪四年十二月壬辰袭。	珠尔杭阿 麟征子。光绪十二年十二月丙子袭。			

等侯。十三年十月辛卯，追晋一等公。费扬古祖透纳巴图鲁、父布查克三代追封一等承恩公。			年正月辛未，改为三等公								
孝圣宪皇后父凌柱姓钮祜	伊通阿凌柱子。乾隆十二年十										

禄氏。隶满洲镶黄旗官四品典仪。雍正十三年十一月戊申，追封一等承恩公，谥良荣。祖额亦腾、父吴禄追封一等承恩公。	二月戊子袭。										
	伊松阿 凌柱次子。乾隆十八年十二月壬辰袭。	观音保 伊松阿子。乾隆四十三年十二月丁亥，改袭三等承恩公。	富僧额 观音保子。嘉庆六年十二月戊午袭。	盛福 富僧额子。嘉庆二十年十二月庚子袭。	明存 盛福子。咸丰十一年十二月庚午袭。	瑞兴 明存子。同治九年十二月丁丑袭。					
孝贤	富文	明瑞									

纯皇后父李荣保姓富察氏。隶满洲镶黄旗。官察哈尔总管。乾隆二年追封一等承恩公。谥庄悫。	李荣保子。乾隆十二年五月癸丑袭。	富文子。乾隆十四年二月庚戌袭。二十四年三月，进一等承恩毅勇公。三十三年，改封一等诚嘉毅勇公。官将军，云贵总督。征缅甸，战

死。谥果烈。	奎林 明瑞弟。乾隆三十三年。正月辛卯袭。四十三年正月辛未,改为三等承恩武勇公。官成都将军。卒。谥武毅。

	富玉 李荣保子。乾隆四十七年五月丁酉袭。	明俊 富玉子。嘉庆四年十二月己亥袭。	喜伦 明俊子。嘉庆十四年十二月丙申袭。	春福 喜伦嗣子。道光十七年十二月乙丑袭。	志钧 春福嗣子。光绪十二年十二月甲戌袭。						
孝仪纯皇后父清泰 姓魏佳氏。隶满洲镶黄旗。官内管领。嘉庆二年四月庚	花沙布 清泰曾孙。嘉庆四年四月庚子，晋封三等承恩公。	安诚 花沙布子。道光八年十二月辛巳袭。	恩荣 安诚子。咸丰七年十二月辛酉袭。	瑞山 恩荣子。							

子,追封一等承恩公。清泰祖护军校嗣兴,父内务府大臣武士宜,追封三等承恩公。											
孝淑睿皇后父和尔经额姓嘉塔	盛住和尔经额长子。嘉庆四年六月庚子,袭										

腊氏。隶满洲正白旗。嘉庆元年二月甲辰，追封三等承恩公。四年四月庚辰，追封和尔经额祖员外郎爱星阿、父拜唐阿常安三等承	三等承恩公。有罪爵黜。										
	孟住 盛柱弟。嘉庆十年十二月癸巳袭。官广州将军。卒。谥敬慎。	**智林** 孟住子。道光四年十二月壬申袭。	**崇端** 智林嗣子。道光十一年十二月壬辰袭。	**裕辉** 崇端子。同治三年十二月辛巳袭。	**熙俊** 裕辉嗣子。光绪十三年十二月丙申袭。	**承禔** 熙俊嗣子。光绪二十七年十二月丙午袭。					

恩公。											
孝和睿皇后父恭阿拉 姓钮祜禄氏。隶满洲镶黄旗。嘉庆四年四月丙午,晋封三等承恩公。官礼部尚书。卒。谥	**和世泰** 恭阿拉子。嘉庆十八年三月癸巳袭。	**崇恩** 和世泰子。道光三十年改袭一等承恩侯。	**维庆** 崇恩长孙。同治元年十二月癸巳袭。官宁夏将军。谥恪勤。	**信恪** 维庆长子。光绪十四年十二月甲午袭。	**官箴** 信恪子。						

勤恪。父恭保，官笔帖式。追封三等承恩公。											
孝穆成皇后父布彦达赉姓钮祜禄氏，隶满洲镶黄旗，官户部尚书。道光	熙敏布彦达赉子。道光元年九月乙丑袭。	克兴额熙敏嗣子。道光九年十二月丙子袭。	恩庆克兴额子。同治七年十二月乙未袭。	英俊恩庆嗣子。光绪二十七年十二月戊申袭。							

元年八月辛亥，追封三等承恩公。卒。谥恭勤。											
孝慎成皇后父舒明阿 姓佟佳氏。隶满洲镶黄旗。佟图赖之后，已袭一	**裕宽** 舒明阿子。道光二年十月戊申，袭一等承恩侯。	**广林** 裕宽子。道光十六年三月甲辰袭。	**克勤** 广林子。咸丰十一年十二月壬戌袭。	**伟功** 克勤子。光绪十八年十二月壬寅袭。							

等公。道光元年十月丁未,晋封舒明阿子裕宽一等承恩侯。舒明阿卒,谥勤敏。舒明阿祖都统纳穆图,父散秩大臣嗣存,并追谥,已见

佟图刺封爵。											
孝全成皇后父颐龄 姓钮祜禄氏。隶满洲镶黄旗。官乾清门二等侍卫。道光十四年十月庚戌，追封一等承	胡图哩 颐龄子。道光二十四年十二月庚戌袭。	文寿 胡图哩长子。道光三十年七月甲辰，改袭三等承恩公。	庆麟 文寿嗣子。光绪十三年十二月戊戌袭。								

恩侯,谥荣僖。											
孝静成皇后父恩龄 姓博尔济吉特氏,隶满洲正黄旗。道光三十年五月戊申,晋封一等子。咸丰间加封一	吉拉敏 恩龄子。早卒。	承荫 恩龄孙。									

等承恩
侯。官兵
部左侍
郎。追封
恩龄曾
祖刑部
员外郎、
岷山三
等承恩
公，谥简
勤；祖浙
江乌镇
同知兴
德三等
承恩公，
谥荣僖；
父刑部

员外郎花良阿三等承恩公，谥敦敏。											
孝德显皇后父富泰 姓萨克达氏。隶满洲镶黄旗。官太仆寺卿。道光三十年十一月	**德懋** 富泰嗣子。同治元年三月乙酉袭。	**钟秀** 德懋子。同治十一年十二月丁卯袭。	**璞玉** 钟秀嗣子。光绪三十一年甲戌袭。								

戊辰，追封三等承恩公，谥肃慎。同治元年八月戊辰，追封富泰祖刑部尚书明山三等承恩公，谥端悫；父兵部员外郎祺昌三等承恩

公。谥端和。											
孝贞显皇后父穆扬阿 姓钮祜禄氏。隶满洲镶黄旗。官广西右江道。同治元年八月戊辰，追封三等承	广科 穆扬阿子。咸丰十一年十二月辛未袭。官杭州将军。谥勤悫。	恩焘 广科子。光绪六年八月丁酉袭。	荣泉 恩焘子。光绪三十年十二月辛酉袭。								

恩公，谥荣敬。同日，追封穆扬阿祖陕西绥镇总兵官策普坦三等承恩公，谥端勤；父西宁办事大臣福克精阿三等承恩公，谥端敏。

孝钦显皇后父惠征 姓叶赫那拉氏。隶满洲镶黄旗。官安徽宁太池广道。同治元年八月戊辰，追封三等承恩公，谥端恪。	**照祥** 惠征长子。咸丰十一年十二月辛巳袭。官护军统领。谥恭慤。	**德善** 照祥子。光绪七年六月壬辰袭。									

同日，追封惠征祖户部员外郎吉朗阿三等承恩公，谥端勤；父刑部员外郎景瑞三等承恩公，谥庄勤。											
孝哲毅皇后父崇绮	葆初 崇绮子。官散秩大臣光	法亮 葆初嗣孙。光绪二十七									

姓阿鲁忒氏。原隶蒙古正蓝旗，改隶满洲镶黄旗。同治四年一甲第一名进士。官吏部尚书，谥文节。后追削。同治十一年六月丙辰，晋	绪十六年十二月壬子。袭。	年十二月甲辰袭。									

封三等承恩公。											
孝定景皇后父桂祥 惠征子。官都统。光绪十四年十月己亥，晋封三等承恩公。	德恒 桂祥子。										

清史稿卷一六八

表第八

诸臣封爵世表一

《史记》、《汉书》皆表列侯。《明史》世表亦及功臣。清于封爵，皆仿古制。世及为礼，视汉特优。非罔替者，甲令按等皆有袭次，不容稍紊。开国所封，沐雨栉风，攀鳞附翼，与汉元功实无差异。其后荡定边徼，开拓疆宇，僭爵酬庸，赫奕当代。内地征讨，役稍巨者，胙茅传胤，亦等边功。惟福康安非有殊勋，竟赠真王，袭降之制，一视天潢，亦云滥矣。子、男以次得世职者，往往并袭，今并为表。最初封者，恒越十代，除爵即鲜，延世莫废，非汉列侯所敢望也。外戚封者，附书于后。作《诸臣封爵世表》。

十八次袭	
十七次袭	
十六次袭	
十五次袭	
十四次袭	
十三次袭	
十二次袭	
十一次袭	
十次袭	
九次袭	
八次袭	
七次袭	
六次袭	
五次袭	
四次袭	
三次袭	
二次袭	
一次袭	
初封	孔有德正红旗汉军。崇德元年四月，以来归封恭顺王。 定南王

	顺治六年五月，以军功改封定南王，镇广西。九年七月，殉节桂林。谥武壮。无嗣。																		
靖	耿	耿	耿																

南王	仲明	继茂	精忠
	正蓝旗汉军。崇德元年四月，以来归封怀顺王。顺治六年五月，以军功改	耿仲明子。顺治八年四月袭。镇广西，移镇福建。康熙十年五月，薨。谥忠	耿继茂子。康熙十年五月袭。镇福建。十三年三月，叛。二十一年正月，

平南王	
尚可喜 镶蓝	封靖南王，征广东。十一月，自杀。加赠开国辅运推诚宣力武臣。
尚之孝 尚可	敏。
尚之信 尚可	伏诛。

旗汉军。崇德元年四月，以来归封智顺王。顺治六年五月，以军功改封平南王，与靖	喜次子。康熙十三年三月袭。旋辞。命仍父可喜管藩务。	喜子。康熙十五年十二月，幽父可喜叛。十六年六月，反正。诏袭亲王。十九年八月，伏

诛。

无袭。

南王同征广东，留镇。康熙十四年正月，晋封平南亲王。十五年二月，为子之信幽。十月，

	薨。谥曰敬。																		
平西王	吴三桂辽东人。隶汉军旗。顺治元年五月，以迎降封平西王。																		

	孙征灏 衮义
	孙征淳 孙征
	孙征淇 孙可
镇云南。康熙元年五月，晋平西亲王。十六年十一月，叛。革爵。	孙可望 正白
	义王

旗汉军。顺治十四年十二月，以来归封义王。十七年十一月，薨。谥恪顺。康熙十一	望子。顺治十七年十一月袭。寻卒。	淇弟。顺治十八年十月袭。康熙十二年，薨。谥顺悫。	王孙征淳弟。康熙十一年八月，降袭慕义公。二十年正月，撤销。五十四年六月，卒。																

	年，追降慕义公。			谥清论。子孙弘相降袭，入《世》职表》。															
忠锐嘉勇贝子	福康安 镶黄旗满洲。自三等嘉	德麟 福康安子。嘉庆元年，袭贝勒。	庆敏 德麟子。嘉庆二十三年，降袭	文谦 庆敏子。咸丰五年四月，袭不	海凌 文谦子。光绪四年袭。	海年 光绪七年袭。													

	勇男。累封至一等忠锐嘉勇公。乾隆六十年九月,以剿湖南等处苗匪屡著劳勋,特恩照	子降袭贝子。	贝子。子降袭镇国公。	入八分镇国公。光绪四年,卒。谥诚靖。															

祺	
和	
宗	
博	
博	
巴	
罗	
德	
绰	
苏	宗室之例，晋封贝子爵衔。嘉庆元年五月，卒。赠郡王，谥文襄，配享太庙。子袭贝勒。
辅	

国公	超等
巴西里　镶黄旗蒙古。雍正元年，奉旨照宗室例封辅国公。	扬古
依济多尔济　苏巴西里弟。	塔詹
垺克多尔济　绰依济多尔济继子。	爱星
普藏尼玛　德垺克多尔济族弟。乾隆五十二年，改公衔头等台吉。	福善
彦桑　罗普藏尼玛子。	海金
端　巴彦桑子。	丰盛
麟　博端弟。	丰安
祐　博麟子。	阿克
胜武　宗祐继孙。	富克
克坦　和胜武族弟。宣统三年袭。	连成
	铭勋
	扎克

英诚公

利正黄旗满洲。初积军功，授一等总兵官。天聪八年五月，以军功加牛录章京。寻封

扬古利子。崇德二年七月，仍袭超等公。六年十二月，缘事降为一等公。顺治四年，卒。

阿塔詹子。顺治四年六月，袭一等公。七年三月，恩诏准世袭罔替。康熙三年，卒。

爱星阿子。康熙三年七月，袭。四十七年，卒。谥恭懿。

福善子。康熙四十七年十月袭。

额海金子。康熙五十九年十二月袭。雍正九年三月，骑尉，袭一等英诚公。

丰盛额子。乾隆二年二月袭。三十九年，以军功兼一云再准袭一次。

东阿丰安子。乾隆三十五年十二月袭。

锦阿克东阿子。嘉庆十六年袭。

富克锦子。咸丰二年袭。

连成继子。光绪九年袭。

丹铭勋子。光绪三十三年袭。

	超等公。崇德二年正月，征朝鲜阵亡。追封武勋王。顺治元年，配享太庙。雍正九年	卒。	谥敬康。																

	一等雄勇公
三月，给号超等英诚公。	图赖　正黄旗满洲。初积军功，屡加至三等昂邦章京。
	惠塞　图赖子。顺治四年六月袭。尚太宗皇十女。后为
	颇尔盆　惠塞弟。顺治九年四月袭。
	永谦　颇尔盆子。康熙十五一年十二月袭。雍正九年三月，
	景惠　永谦子。乾隆二十七年十二月袭。
	景恒　景惠弟。乾隆四十九年十二月袭。
	英海　景恒子。嘉庆十年十二月袭。
	禄贤　英海子。嘉庆十九年袭。
	复昌　禄贤继子。道光十年袭。
	符珍　复昌子。咸丰七年袭。尚文宗皇女荣安公主。
	松年　符珍子。宣统二年袭。

顺治二年三月，以军功超封三等公。三年五月，晋一等公。四年，卒。九年正月，追谥昭勋，	墨勒根王所构，夺爵。八年十月，卒。九年正月，事白，追复原爵。		袭一等雄勇公。							宣统元年十二月，卒。									

	配享太庙。雍正九年三月，给号雄勇。																		
一等超武公	鳌拜 镶黄旗满洲。初积军功，屡加至一等昂	纳穆福 鳌拜子。康熙六年八月，袭二等公。	达福 鳌拜孙。本袭一等男。雍正五年十一	岱吞 达福子。雍正九年十一月袭。	德胜 岱吞子。乾隆二十六年十二月袭。四十	庆玉 德胜子。嘉庆十二年，改袭一等男。	锺灵 庆玉子。嘉庆十九年袭。	贵麟 道光十三年袭。	锺寿 贵麟弟。道光二十三年袭。	鹤龄 钟寿子。咸丰四年袭。	锡惠 鹤龄子。同治四年袭。								

年京。寻封三等侯。顺治八年闰二月，以军功晋一等侯。九年正月，恩诏优封二等
月，特五月，缘事革。
旨赐袭一等公。九年三月，袭一等超武公。阵亡。
五年
十一月，奉旨俟出缺时停袭，仍给予一等男爵。

公。康熙六年七月，以辅政功晋一等公。原所有二等公，令其子纳穆福袭。八年五月，

一等公	
索尼 正黄	以罪革，卒。雍正五年十一月，特旨追复一等公。九年三月，给号超武。
心裕 索尼	
法保 心裕	
法尔萨	
令德 法尔	
善保 令德	

	旗满洲。初以任事有能及军功,屡加至三等昂邦章京。寻加为二等。顺治九年正月,	子。康熙六年闰四月,袭一等伯。四十二年四月,缘事革。	弟。康熙六年十月,袭封一等公。二十二年三月,缘事革。四十二年四月,袭兄心裕	法保子。康熙四十九年九月袭。雍正九年十二月,晋袭一等公。见《外戚(噶布喇)	萨弟。雍正九年十二月袭。乾隆十四年八月,以祖索尼功,晋号一等翊烈伯。	子。乾隆十五年,销去恩诏所得,袭二等子。二十二年,复袭一等公。以其从弟法隆													

恩诏晋封三等伯。又以恩诏晋一等伯。康熙六年闰四月,以辅政功,于一等伯外加封	一等伯。	表》。	武襄二等子。

	一等公。寻卒。谥文忠。公爵无袭。子心裕，袭初封之一等伯。																		
一等褒绩公	赖塔 正白旗满洲。	拔尔吞 赖塔孙。	舒陵阿 拔尔吞兄子。	隆兴 舒陵阿子。	祥敏 隆兴子。嘉庆	布都尔呼那	佛尔恒额 布都	锡露 佛尔恒额子。											

	顺治十三年,以军功封三等阿思哈尼哈番。康熙二十五年,以恢复云南功,授一等阿	原袭一等阿思哈尼哈番。雍正五年十月,袭一等公。九年,袭褒袭褒公。十二年,缘事革。	子。雍正十二年袭。	乾隆二十五年袭。	五年袭。	祥敏子。嘉庆十年袭。	尔呼那继子。道光十七年袭。	光绪二十二年袭。											

思哈尼哈番。卒。谥襄毅。雍正五年十月，追封一等公。九年三月，给号襄绩，世袭。

一等海澄公	
黄梧	福建平和人。顺治十三年七月,自明郑成功部将以海澄县投诚功,封海澄
黄芳度	黄梧子。康熙十三年八月袭。十四年十月,漳州陷,合门死之。赠郡王,谥
黄芳世	黄梧兄子。康熙十五年三月袭。十七年,卒。谥忠襄。
黄芳泰	黄梧世弟。康熙十七年五月袭。二十九年,卒。谥襄愍。
黄应缵	黄芳度嗣子。康熙三十月袭。
黄仕简	黄应缵子。雍正八年年正十月袭。乾隆五十二年,坐罪夺爵。
黄嘉谟	黄仕简孙。乾隆五十二年袭。
黄庆春	道光年袭。
黄懋澄	

一等忠达公		
图海	正黄旗满洲。初以	公。康熙六年五月，锡封一等。十三年，卒。谥忠恪。
诺敏	图海子。康熙二十	忠勇。
玛尔赛	诺敏子。康熙	
玛礼善	玛尔赛弟。雍正	
玛贤	玛礼善子。雍正十一	
玛宾	玛贤弟。乾隆五年	
特通额	玛宾从弟。乾隆	
隆福	特通额承继子。乾隆	
德兴	隆福子。道光二十	
恩辉	德兴子。光绪九年	

袭。
二年袭。
五十一年十二月袭。
十八年十二月袭。
十二月袭。
年十二月，袭，坐事夺爵。
十年九月袭。
三十二年七月，袭三等公。六十一年十二月，袭一等公。雍正九年三月，袭一等忠达公。
一年六月，袭三等公。
勤劳及军功，康熙十四年八月，累加至一等阿思哈尼哈番。十五年八月，以军功超封

十年九月，夺爵。

三等公。二十年十二月，卒。谥文襄。六十一年十一月，追封一等公。雍正二年，配享

太庙。九年三月，给号忠达。	费扬古 三等伯鄂硕子。顺治十五年二月，袭三等伯。
	一等公

康熙三十六年七月，以平噶尔丹功，晋一等公。卒。谥襄壮。子陈泰袭侯。	年退
	一等

龄镶黄旗汉军。雍正元年，以子羹尧功封。三年革。	年羹尧镶黄旗汉军。
公	一等公

雍正元年三月，自川陕总督叙平西藏功，封三等公。十月，晋二等公。二年三月，自抚远大

	松椿
	果齐
	庆兴
	富勒
	丰绅
	福隆
将军以平青海功，进一等公。三年七月，果降三等公。八月，夺爵。寻赐自尽。	傅恒
	一等

忠勇公。	镶黄旗满洲。孝贤纯皇后弟。乾隆十四年正月,以平定金川军功,封一等忠勇公。三十	安 傅恒子。乾隆三十五年闰三月,卒。谥勤恪。	济伦 福隆安子。乾隆四十九年袭。嘉庆十二年二月,卒。	珲凝珠 丰绅济伦子。嘉庆十二年袭。	富勒珲凝珠子。道光九年袭。	逊 咸丰六年袭。	果齐逊嗣孙。光绪十七年袭。

	一等诚勇
五年七月，卒。谥文忠。嘉庆元年五月，晋赠郡王衔，配享太庙。	班第 镶黄旗蒙
	巴禄 班第子。
	庆林 巴禄子。
	官惠 庆林伯父
	裕恒 官惠族
	德崇 裕恒子。
	联恩 德崇子。

光绪二十七年袭。	同治三年袭。	任。道光十年袭。	色布腾之子。其云骑尉袭次已完。乾隆五十三年，袭一等诚勇公。	乾隆三十六年袭。	乾隆二十年袭。二十七年，以军功兼一云骑尉。	古。乾隆十九年十月，以军功封一等子。二十年五月，以军功晋封一等诚勇公。十二	公。

	月，殉节伊犁。谥义烈。																		
一等武毅谋勇公	兆惠 正黄旗满洲。乾隆二十二年三月，以平定回部功，	扎兰泰 兆惠子。乾隆三十年袭。	英俊 扎兰泰子。乾隆五十三年袭。	百善保 英俊兄。嘉庆八年十二月袭。	崇恩 百善保继子。嘉庆十九年袭。	忠山 崇恩继子。咸丰元年袭。	恒山 忠山弟。咸丰六年袭。	松山 恒山弟。同治元年袭。	德寿 松山子。光绪元年袭。										

封一等武毅伯。明年十一月，晋封一等武毅谋勇公，世袭罔替。二十九年十一月，卒。

	一等诚嘉毅勇公
谥文襄，配享太庙。	明瑞 镶黄旗满洲。初袭一等承恩公。乾隆二十四年，以军
	惠伦 明瑞子。乾隆三十年袭。
	博启图 惠伦子。嘉庆二年袭。道光十三年七月，卒。
	景庆 博启图子。道光十四年袭。年袭。
	景寿 景庆弟。咸丰六年袭。十五年六月，卒。谥端勤。
	麟光 景寿子。光绪十五年，袭。

谥敬信。

功晋一等承恩毅勇公。三十三年正月，以进剿缅甸深入贼境，改封一等诚嘉毅勇公，

	一等诚谋英勇公
世袭罔替。二月，阵亡。谥果烈。	阿桂 正白旗满洲。乾隆四十一年正月，以平定两
	阿迪斯 阿桂子。嘉庆二年十二月丁未袭。官成
	那彦桂 阿迪斯子。嘉庆袭。五年十二月壬戌，
	承霈 那彦桂继子。
	继勋 承霈继子。光绪二年袭。
	裕兴 继勋子。光绪二十年袭。

	金川功，封一等诚谋英勇公，世袭罔替。嘉庆二年八月，卒。谥文成，配享太庙。	都将军。五年三月，以罪革成。	袭。																
一	海	安	恩	安	阿	克	阿	祥	扎	瑞	倭								

等超勇公	
兰察	镶黄旗满洲。赐号巴图鲁。乾隆二十七年,以军功给骑都尉兼一云骑尉
禄	海兰察子。乾隆四十九年,以海兰察军功袭骑都尉。五十八年十二月,袭一等
特贺莫扎拉芬	嘉庆四年袭。
成	嘉庆六年袭。
玉玺	嘉庆二十五年袭。
兴额	道光二十年袭。
凌阿	道光二十二年袭。
保	道光二十六年袭。
绵	同治十二年袭。
普	扎绵子。光绪十八年袭。
林保	光绪二十五年袭。

世职。四十一年，以军功晋封一等超勇侯。五十二年，以军功晋封二等超勇公。五十七年，	超勇公。嘉庆四年，卒。谥壮毅。

一等谋勇	
孙士毅浙江	以军功晋一等超勇公,世袭罔替。五十八年三月,卒。谥武壮。
孙均孙士毅孙。	

嘉庆元年七月，袭伯爵。寻停。十一年六月革，并销旗籍。

仁和人。乾隆五十三年十二月，以平安南封一等谋勇公。明年正月，夺爵。嘉庆元年

公

四月，以剿教匪功，封三等男。旋卒于军。谥文靖，追复公爵。允其遗奏所请，入正白旗

	一等忠襄公
汉军籍。以其孙降袭伯爵。	和珅正黄旗满洲。乾隆四十九年，并其世职封一
	丰绅殷德和珅子。嘉庆四年正月，袭伯爵。

等男。五十三年，晋封三等忠襄伯。嘉庆三年八月，以俘教匪王三槐功，晋封一等忠襄

寻夺。七年十二月，赐民公品级。八年八月，削。十二年十二月，仍授伯爵品级。十五年四

	公。四年正月，赐死，夺公爵，仍留伯爵。	月，再晋公爵品级。旋卒。无袭。																	
一等威勇公	额勒登保 正黄旗满洲。嘉庆元年，	莫尔赓额 额勒登保子。嘉庆十年，	哈郎阿 莫尔赓额弟。嘉庆十三年袭。	那铭 哈郎阿子。道光三十年袭。	荣全 那铭子。咸丰元年袭。	富康 荣全子。光绪三年袭。													

道光三十年，卒。谥刚恪。

袭一等侯。

以苗境肃清，封一等威勇侯。二年，以剿教匪无功，降三等伯。三年，夺爵。四年，封二等男。

寻晋一等男。六年，晋二等子。寻晋三等伯。七年正月，复降一等男。十二月，以三省

	奎
	成
	成
	麟
	桂
教匪荡平，封一等侯，世袭罔替。十年八月，封三等威男公。旋卒。谥忠毅。子降袭。	长
	一

等威勇公	龄 正白旗蒙古。道光八年,以平张格尔功,封二等威勇公。十七年,晋一等公,世袭罔	轮 长龄子。道光十八年袭。卒。谥恪慎。	兴 桂轮继子。	德 麟兴子。光绪五年袭。	端 麟兴继子。光绪七年袭。	元 成端子。光绪三十四年袭。													

二等公	
英古尔代 正白旗满洲。初积军功及考绩，屡	晋。十八年，卒。谥文襄。
伊图 英古尔代子。顺治五年九月袭。后缘事降	
硕塔 伊图弟。顺治九年四月，袭二等子。	
额尔金 硕塔叔父之孙。康熙二十二年十月袭。	
英敏 英古尔代孙。康熙五十六年十一月，降袭三	
英俊 英敏子。雍正六年十二月袭。	
保贺 英俊子。乾隆十二年四月袭。	
哲臣 保贺子。乾隆四十七年十二月袭。	
福珠隆阿	
海庆	
志勤	
如璧	
阿拉哈	

等精奇尼哈番。今汉文改为三等子。坐事革。

以罪革。

为三等精奇尼哈番。九年，恩诏加为二等。是年卒。今汉文改为二等子。

加至三等昂邦章京。顺治二年三月，超封三等公。四年六月，以考绩晋二等公。五年二月，卒。

罗璧

一等伯程尼叔父。顺治十二年，并本身所得之一等阿达哈哈番，

二等公

存鍾	成龄继子。光绪十三四年袭。	
普龄	成龄弟。光绪十二二年袭。	
豫随	成龄子。光绪十三年袭。	
咸龄	阿那洪阿子。光绪八年袭。	
阿那洪阿	庆端继子。咸丰三年袭。	
庆瑞	福荫子。道光元年袭。	
福荫	和色布子。嘉庆三年袭。	
和色布	明英从弟。乾隆五十年十二月袭。	
明英	和音布从弟。乾隆十六年六月袭。	
和音布	色楞格从弟。乾隆十四年六月袭。	
色楞格	恒泰兄之子。雍正十一年九月袭。	
恒泰	增寿子。康熙六十年十二月袭。雍正	
增寿	彭春子。康熙四十年四月，降袭三等公。九年三月，袭三等勇	
彭春	褎布叔父之子。顺治九年六月袭。康熙四十年，以病解退。	
褎布	苏布兄之子。顺治七年三月袭。九年正月，恩诏晋一等以。	
苏布	哲尔本弟。顺治五年七月袭。	
哲尔本	何尔本弟。崇德四年六月袭。	
何尔本	和硕图子。天聪八年五月袭。	
和硕图	三等子何和扎子。初袭父职。天聪二年，以军功超封三	袭封二等公。
三等勇勤公		

三等果毅公		
图尔格	镶黄旗满洲。	等公。卒。追谥端恪。雍正九年三月，赠三等勇勤公，世袭
科布梭	图尔格子。顺治	
遏必隆	图尔格弟。初袭	
法喀	遏必隆子。康熙	
阿灵阿	法喀弟。康熙	寻卒。
阿尔通阿	阿灵阿子。	
殷德	阿灵阿兄。初袭见《	勤公。坐事事。
讷亲	殷德子。雍正五年	
策楞	讷亲兄。乾隆十三	
达尔党阿	策楞从弟。	
阿里衮	达尔党阿从弟。	
丰升额	阿里衮子。乾隆	
明安	丰升额继子。乾隆	
兴长	嘉庆七年袭。	
那苏巴图	嘉庆十年	
巴雅尔绰克托		
宝全	同治三年袭。	
铁麟	光绪二十七年袭。	

	一等子、赠宏毅公额宜都子。初积军功，屡加至三等昂邦章京。缘事革。后以军功	二年二月，降袭三等昂邦章京。寻以罪革。八年闰三月，事白，袭父三等公。九年正月，恩诏	一等子，别见。顺治九年正月，并科布梭爵为一等公。康熙六年八月，以辅政功，于一	六年八月袭。二十五年，缘事革。	二十五年四月袭。	康熙五十六年四月，销去恩诏所得，降袭二等公。雍正二年十月，缘事革。	子爵表》。雍正二年十月袭。五年四月，因病告退。以其子承袭公爵。十月，卒。谥懿	四月袭。十三年十二月，以行走勤慎，宝以供职，晋袭二等果毅公。十三年十二月，	年，袭二等果毅公。以罪削爵。	初袭见《子爵表》。乾隆十九年九月袭。二十二年，缘事削爵。	乾隆二十三年袭。二十四年，以军功加一云骑尉，并为一等果毅公。三十四年，卒。	三十四年袭。四十一年，以军功加号继勇，为一等果毅继勇公。并别赏给一等子，世	四十二年七月袭。嘉庆七年，革。		袭。	丰升额孙。道光五年袭。			

袭，见《子爵表》。四十二年十月，卒。谥诚武。

谥襄壮。四十二年，追封一等果毅继勇公。

晋一等公。乾隆十三年九月，革。

敬。

等公外加赐一等公。原所有一等公，令其子法喀袭。九年，缘事革去所赐一等公。寻复

晋二等公。缘事革。

复加至三等昂邦章京。崇德八年十月，以军功超封三等公。顺治二年，卒。九月，追谥

与一等公衔。十二年，卒。谥恪僖。十六年，圣祖立其女为皇后，是为孝昭仁皇后。

忠义，配享太庙。雍正九年三月，给号果毅。

三等奉义公	
恩格德理	正黄旗满洲。天聪八年，以率众来归，授三等昂邦章京。崇德元年，加为
额尔克代青	恩格德理子。崇德元年，袭三等昂邦章京。顺治二年，加为
囊努克	额尔克代青兄。顺治十六年，以额尔克代青有罪，将所袭伊父三等精奇
大寿	额尔克代青子。康熙六年，特旨赐袭二等公。
费扬古	大寿克。康熙八年，袭三等公，分一拖沙喇哈番与其叔索尔哈之子色
喇阿泰	费扬古子。康熙二十八年袭。
噶尔萨	喇尔泰弟之子。康熙五十四年，削去恩诏所得，袭一等侯。雍正七年，特旨
英泰	噶尔萨子。乾隆九年十二月，仍降袭一等侯。十四年，复给号奉义。
安琳	英泰子。乾隆三十三年十二月袭。以事革。
成德	安琳子。乾隆四十七年十二月袭。道光三年卒。
琦善	成德子。道光三年袭。二十一年正月，以专擅割地革。后卒。谥文勤。
松桂	琦善族侄。道光二十一年袭。
立瑞	松桂继子。同治八年袭。
恩特和图	立瑞继子。光绪三十四年袭。

袭三等公。九年三月,袭三等奉义公。

凌袭。

尼哈番令囊努克袭,合本身所得之二等阿达哈哈番,并为二等伯。康熙六年,以所袭职

二等。七年,恩诏超封三等侯。后以事削去侯爵,降为二等精奇尼哈番。事白,晋封一等

卒。后谥端顺。雍正七年,特旨追封三等公。九年三月,给号奉义。

侯。九年，两次恩诏加至二等公。是年七月，并其弟索尔哈之一拖沙喇哈番，晋一等	与弟之子承袭，仍留本身二等阿达哈哈番。今汉文改为二等轻车都尉。

	三等信勇公
	费英东 镶黄旗满洲。太祖时，积军功
公。十一年，缘事降为二等公。后以罪革。	索海 费英东子。天命五年，袭三等总兵官。
	纳海 索海兄。与弟图赖分袭三等总兵
	查喀尼 索海弟。天聪八年，改袭三等
	倭黑 查喀尼子。崇德八年，袭，恩诏加为二
	傅尔丹 倭黑子。康熙三十年袭。雍正
	兆德 傅尔丹子。雍正十一年袭。革。
	哈达哈 兆德弟。乾隆元年坐事二十
	哈宁安 哈达哈子。乾隆二十二年袭。
	兆德 傅尔丹子。乾隆二十三年复袭。
	富兴 兆德子。原袭云骑尉。乾隆三十
	富锐 富兴弟。乾隆五十四年袭。
	安宁 富锐从子。嘉庆五年十二月袭。
	盛贵 安宁子。嘉庆十五年袭。
	联绥 咸丰四年袭。
	定昌 联绥子。光绪四年袭。
	锡明 光绪二十七年袭。

六年，并为二等信勇公。四十三年，晋一等公，卒。谥勤毅。

坐事革。

二年，坐事革。

九年，晋袭三等信勇公。十年九月，革。后卒。谥温悫。

等精奇尼哈番。顺治九年，累加为一等。十六年，特旨赐袭三等公。

昂邦章京。今汉文改为三等子。

官。缘事革。图赖索海弟。与兄纳海分袭三等总兵官。缘事革。

今汉文改为三等子。

授三等总兵官。天命五年，卒。崇德元年，追封直义公，配享太庙。顺治十六年，以开创

三等公	
吴内格 正白旗蒙古。	第一功臣，特赠三等公。雍正九年三月，给号信勇，世袭。
光泰 吴内格子。天聪九年	
齐墨图克 光泰兄。	
光泰 齐墨图克弟。顺治	
沙哈纳 光泰兄之子。	
智勇 沙哈纳弟之子。康熙	
延福 智勇子。雍正八年，	
阿玉玺 延福子。乾隆	
安泰 阿玉玺从弟。乾隆	
伊鲁尔图 安泰子。	
佛兴额 伊鲁尔图子。	
富珠隆阿 佛兴额弟。	
英瑞 富珠隆阿子。	
永福 英瑞子。	

初以来归及军功，屡加至三等总兵官。天聪八年五月，以军功超封三等公。	二月袭。崇德四年六月，以罪降一等梅勒章京。今其兄齐墨图克袭。	崇德四年，袭一等梅勒章京。今汉文改为一等男。	五年四月，复袭一等阿思哈尼哈番。七年，恩诏晋三等精奇尼哈番。缘事降一等阿思哈	初袭父齐墨图克之拜他喇布勒哈番，恩诏加一拖沙喇哈番。康熙八年，袭叔父光泰职，	二十一年袭。以罪革。	削去恩诏所得，袭三等精奇尼哈番。今汉文改为三等子。	十八年袭。坐事革。	十九年袭。	乾隆四十年袭。	嘉庆元年袭。									

并为二等精奇尼哈番。今汉文改为二等子。

尼哈番，兼一拖沙喇哈番。九年，两次恩诏加至二等精奇尼哈番。后仍降为一等阿思

	德木楚克扎布
	凌锦多尔济托
	索特那木拉阿尔
	阿尔塔西迪
	扎木巴尔车凌
	敏珠尔多尔济
	达什琳陈杜噶尔子。
哈尼哈番。以其兄之子沙哈纳袭。今汉文改为一等男。	杜噶尔噶尔玛子。康熙
	噶尔玛博罗子。顺治
	博罗多尼库鲁格子。崇德
	多尼库鲁格镶黄
	三等建烈公

旗蒙古。初积军功，授一等昂邦章京。崇德七年，阵亡。超赠三等公。雍正九年三月，

七年八月袭。

九年六月袭。

四十六年十二月袭。

康熙五十四年十二月袭。雍正九年三月，袭三等建烈公。

达什琳陈子。乾隆十八年十二月袭。

敏珠尔多尔济子。乾隆五十五年袭。

塔西迪子。

克索特那木拉子。

凌锦多尔济托克弟。光绪二年袭。

	给号建烈。
三等威信公	岳锺琪四川成都人。雍正二年三月，以平青海功封三等公。十年

四月，缘事降侯。七月，夺爵。乾隆十四年三月，复三等威信公。十九年，卒。谥襄勤。

	三等义烈公
子降袭。	那木扎尔 正白旗蒙古。乾隆二十一年，以军功封一等勤襄伯。
	保宁 那木扎尔子。乾隆二十四年四月袭。嘉庆十三年，卒。谥文
	庆祥 保宁子。嘉庆十三年十二月袭。道光六年六月，以殉难喀什噶
	文辉 庆祥子。道光六年，袭一等义烈公。
	德鉴 文辉子。咸丰元年袭。
	希璋 德鉴子。光绪二十五年袭。

	二十四年四月，阵亡。追封义烈公，世袭罔替。谥武毅。	端。	尔，并为一等义烈公。谥壮直。																
续顺公	沈志祥 正白旗汉军。	沈永忠 志祥兄之子。	沈永兴 永忠从弟。顺治	沈瑞 永忠子。康熙九年	沈熊昭 瑞叔父之孙。	沈之义 熊昭子。康熙五十	沈铎 之义子。雍正三年	沈定文 铎子。乾隆十九	沈广文 定文弟。乾隆	德通 广文子。乾隆三十	玉山 德通子。道光四年	善佑 玉山子。咸丰十一	瑞昆 善佑子。光绪十四	明志 荣坤子。	荣塾 善佑次子。	庆焘 荣塾子。			

	崇德四年十月，以来归封续顺公。	十二六年二月袭。十二年，缘事革。	顺治年六月袭。	四月袭。二十年十一月，在福建全家殉节。	康熙二十四年十月袭。	九年七月袭。	三月袭。	年十二月袭。二十三年，缘事革。	三十三年十二月袭。	九年十二月袭。	袭。	年袭。	年袭。						
弘毅公	额亦都 镶黄旗满洲。太祖时，以	遏必隆 额亦都子。天聪六年，袭一	殷德 额亦都孙。康熙五十二年，特恩	丰阿达 殷德伯父之孙。雍正三年	达尔党阿 丰阿达弟。乾隆三年	特通阿 达尔党阿从兄子。乾隆	仁和 额亦都之四世孙。乾隆二十	毓奇 额亦都之四世孙。乾隆四十	班喜 额亦都之五世孙。乾隆五十										

海澄	
郑克	功授一等总兵官。天命六年，卒。崇德元年，追封弘毅公，配享太庙。
	等总兵官。后缘事革。今汉文改为一等子。余详前三等果毅公。
	赐袭一等精奇尼哈番。今汉文改为一等子。雍正二年，晋袭三等果毅公。
	袭。
	袭。十九年，特恩赐袭二等果毅公，将一等子另袭。
	二十年袭。坐事革。
	一年袭。坐事革。
	六年袭。
	六年袭。

塽正红旗汉军。郑成功孙。初，顺治十年五月，封成功为海澄公，不受。十一月，复封，仍

公

承恩公	白文选正白	白绘文选子。

不受。康熙二十二年，克㙶归顺，仍封海澄公。四十六年病故。无袭。

	旗汉军。康熙元年十一月，以归顺封承恩公。十四年，卒。	降袭三等精奇尼哈番。无袭。																	
公	陈福陕西定边堡人。																		

二等阿思哈尼哈番，加三等精奇尼哈番。康熙十四年，以陕西提督被戕，赠三等公。谥忠殁。

清史稿卷一六九

表第九

诸臣封爵世表二

封	初	一次袭	二次袭	三次袭	四次袭	五次袭	六次袭	七次袭	八次袭	九次袭	十次袭	十一次袭	十二次袭	十三次袭	十四次袭	十五次袭	十六次袭	十七次袭	十八次袭
一等侯	伊尔德 正黄	巴浑忒 伊尔	马哈达 巴浑	巴通阿 马哈	郭尔多 巴通	噶尔炳阿	巴尔桑阿	文恒 巴尔桑阿	勒英 文恒子。	盛启 勒英子。	德启 盛启弟。								

	旗满洲。初积军功。屡加至二等昂邦章京。顺治七年三月，恩诏准世袭罔替。五月，	德孙。顺治十八年十二月，袭。卒。子降袭二等伯。	忒子。雍正元年十二月，降袭二等伯。乾隆四年，卒。十四年八月，赠号宣义；世袭。	达子。雍正八年，袭。	阿子。乾隆四年十二月，袭。十四年八月，袭二等宣义伯。	郭尔多子。乾隆十九年十二月，袭。	噶尔炳阿子。乾隆三十六年十二月，袭。	孙。嘉庆八年，袭。	道光十四年，袭。		光绪二十四年，袭。								

以军功加为一等。九年正月，恩诏超封三等侯。缘事降一等伯。又以恩诏由一等伯加一拖沙喇哈番。缘事革。十四年九月,以军功复爵。寻晋一等侯,又一拖沙喇哈番。

	今汉文改为一等侯，又云一骑尉。卒。谥襄敏。																		
一等侯	马得功 镶黄旗汉军。顺治	马三奇 马得功子。康熙四年	马尔瑛 马三奇弟之子。雍正	马国鍾 马尔瑛子。雍正十年	马国铭 马国钟从弟。乾隆	马官正 马国铭子。乾隆四十	善庆 马官正子。乾隆四十九年	苏勒芳阿 善庆子。嘉庆	岳龄 苏勒芳阿子。道光十八	英俊 岳龄子。光绪元年，袭。	德珍 英俊子。光绪三十四年，								

	十三年二月,以来归及军功,屡加至一等精奇尼哈番。十八年五月,超封三等侯。康熙	正月,袭一等侯。雍正二年九月,缘事革。	三年五月袭。	五月袭。乾隆十四年八月,袭一等顺勤侯。以罪革。	十五年七月,袭。	年十二月,袭。	十二月,袭。	二十二年,袭。	年,袭。		袭。								

二年十月，征福建海贼，阵亡。四年正月，加赠一等侯，谥襄武。乾隆十四年，赠一等顺勤

	一等靖逆侯
侯,世袭。	张勇 辽东人,隶陕西潼关卫。康熙十四年四月,以军功由一等轻车都
	张云翼 张勇子。康熙二十五年,袭。
	张宗仁 张云翼子。康熙四十九年,袭。
	张谦 张宗仁子。康熙五十九年,袭。
	张承勋 张谦子。乾隆十三年十二月,袭。
	张秉枢 张承勋子。乾隆三十二年,袭。五十九年十一月,特旨自其父
	张顺
	张禹铭 张顺继子。
	张培 张禹铭子。光绪十三年,袭。

	一等昭武侯
尉封靖逆侯。十五年八月，复晋一等侯。卒。谥襄壮。	陈泰 费扬古子。康熙四十
	图把 陈泰弟。雍正十年
	图桑阿 图把子。乾隆
	松龄 图桑阿子。嘉庆七年。
	明庆 松龄孙。
张承勋始，归人汉军正黄旗。	锡光 明庆子。
	果权 锡光子。

一等	
朱之	年十二月，降袭一等侯。以罪革。乾隆十四年八月，赠一等昭武侯，世袭。
朱震	五月，袭。
朱绍	十年十二月袭。十四年八月，袭一等昭武侯。
朱仪	袭。
朱毓	
朱秀	
朱秀	
朱贻	
书桂	
鹤龄	
诚端	
朱煜	

延恩侯	琏 正白旗汉军。雍正二年十二月，以明代后裔，由正定知府特赐一等侯。八年，卒。	朱之琏子。雍正八年十一月，袭一等侯。	美 朱震子。乾隆十一年二月，袭一等侯。十四年八月，改袭一等延恩侯。缘事革。	凤 朱绍美从子。乾隆四十年十二月，袭。	瑞 朱仪凤子。嘉庆二年，袭。	吉 朱毓瑞子。	祥 朱秀吉弟。道光八年，袭。	坦 朱秀祥族祖。道光九年，袭。	朱贻坦族叔。道光十六年，袭。	书桂继子。	鹤龄族孙。同治八年，袭。	勋 诚端子。光绪十七年，袭。

	乾隆十四年八月，赠一等延恩侯，世袭。																		
一等成勇靖远侯	富德 正黄旗满洲。乾隆二十四年，以平																		

回部功封。二十七年，革。	福长安傅恒子。官军机大臣。嘉庆三年八月，以擒
	一等侯

	教匪王三槐功封。四年三月，革。																		
一等继勇侯	德楞泰 嘉庆七年十二月，以平三省教匪封。	苏崇阿 德楞泰子。嘉庆十四年九月，袭。	倭什讷 苏崇阿子。道光九年十二月，袭。	希元 倭什讷子。咸丰三年，袭。光绪二十年八	世榕 光绪二十年，袭。														

	一等昭勇侯
十四年九月，卒。谥壮果。	杨遇春 四川崇庆武举。嘉庆十八年，平滑县教匪，
道光九年，卒。	杨国桢 遇春子。道光十七年三月，袭。二十
咸丰二年八月，卒。	杨炘 国桢子。道光三十年，袭。咸丰十年，降亡。
月，卒。	杨光坦 同治八年，袭。
	杨正藩 光绪三十年，袭。

	封二等男。道光五年，晋一等昭勇侯。十七年二月，卒。谥忠武。	九年八月，卒。	谥威肃。																
一等毅勇	曾国藩 同治	曾纪泽 国藩	曾广銮 纪泽																

侯	三年六月,以江南平封。十一年二月,卒。谥文正。	子。同治十一年,袭。光绪十六年闰二月,卒。谥惠敏。	子。光绪二十三年,袭。																
一等肃毅侯	李鸿章同治三年	李国杰鸿章孙。																	

六月，以江南平封一等肃毅伯。光绪二十七年九月，卒。晋赠一等侯，世袭。

光绪三十年八月，袭。

一等

袁世

侯	二等顺
凯河南项城附贡生。官内阁总理大臣。宣统三年十一月，封。	田雄镶黄
	田象坤
	田存德
	田国恩
	田国荣
	庆通国荣
	景端庆通
	恩绶景端
	锡光恩绶
	延秀锡光

义侯	旗汉军。顺治二年，以来归及军功，授一等精奇尼哈番。十八年五月，复叙其擒献明福	雄弟之子。康熙四年正月，袭。二十五年七月，以军功晋一等侯。	象坤子。雍正十年闰五月，袭。	存德子。乾隆十二年五月，袭。十四年八月，袭一等顺义侯。坐事革。	国恩弟。乾隆十八年十二月，袭。	子。嘉庆十年，袭。	子。	子。	子。同治元年，袭。	子。光绪四年，袭。									

																		王功，超封二等侯。康熙三年，卒。谥毅勇。乾隆十四年八月，赠二等顺义侯，世袭。	

二等果勇侯	杨芳 贵州松桃人。道光八年，以俘逆回张格尔，封三等果勇侯。是年，晋二等侯。	杨建烘 杨芳曾孙。同治十三年，袭。光绪十九年，卒。	杨国墀 杨建烘子。光绪三十二年，袭。																

二等恪靖侯	
左宗棠同治三年,	十三年,晋一等侯。十四年,降二等。二十六年,卒。谥勤勇。
左念谦左宗棠孙。	
左景裕左念谦子。	

以平浙江封一等恪靖伯。光绪二年，以回疆肃清，晋二等侯。十一年七月，卒。谥文	光绪十四年，袭。十八年，卒。	光绪三十年，袭。																	

袭。

三等侯	
巴世泰	三等子图鲁什子。天聪八年十一月，袭父职。顺治九年正月，恩诏
诸兰泰	巴世泰子。顺治九年四月，袭。
桑格	诸兰泰子。顺治十二年七月，袭。
偏图	桑格子。康熙二十三年十月，袭。
郎图	偏图弟。康熙五十六年，销去恩诏所得，袭一等精奇尼哈番。今汉文改
纳尔泰	郎图侄。乾隆二年，袭。
德成额	纳尔泰子。乾隆五年，袭。
永祥	乾隆五十九年，袭。
克什布	永祥孙。嘉庆十八年，袭。
希拉布	道光二十九年，袭。
崇寿	咸丰四年，袭。
安绥	崇寿嗣子。光绪十七年，袭。
安成	光绪二十五年，袭。

三等侯	
李国翰镶蓝	晋封至一等伯。四月，以在御前为蒙古侍卫所刺。追赠为三等侯。
海尔图李国	
李延夔海尔	
伊尔拜李延	
李枎伊尔拜从	为一等子。
黑格李轶从孙。	
李坦黑格从弟。	
李境李坦再从	
庆寿李境子。	
成山庆寿子。	
庆英成山族叔。	
恩来庆英子。	
延康恩来子。	

旗汉军。国初三等副将李继学子。初袭见《三等男表》。顺治五年六月，晋封至一等精
翰子。康熙元年二月，袭。
图孙。康熙二十一年八月，袭。
燮弟。康熙三十四年十二月，袭。以罪革。后以伯爵降袭。
侄。雍正七年六月，降袭三等伯。坐事革。
雍正十三年闰四月，袭。坐事革。
雍正十三年十二月，袭。坐事革。
兄。乾隆十三年十二月，袭。十四年八月，以其高祖李国翰功，赐号懋烈伯，世袭。
乾隆四十五年十二月，袭。
嘉庆十年，袭。
道光二十年，袭。
道光十四年，袭。
光绪十一年，袭。

	施
	施
	施
	施
	施
	施
	施
	施
	施
	施
	施
	施
奇尼哈番。九年，正月，晋至一等伯。闰六月，晋三等侯。十七年，卒。谥敏壮。	施
	三

等靖海侯	
琅	镶黄旗汉军。康熙七年三月，封伯爵。二十九年九月，以平台湾功，晋封靖海侯，
世范	琅子。康熙三十五年五月，袭。
廷皋	世范子。乾隆二年十二月，袭。
纯恺	廷皋子。乾隆二十四年十二月，袭。
镈	纯恺子。乾隆四十一年十二月，袭。
秉仁	镈子。乾隆四十七年十二月，袭。
斌	秉仁子。嘉庆十九年，袭。
德霖	斌子。道光七年，袭。
德露	德霖弟。咸丰六年，袭。
振	德露子。同治十年，袭。
恩荣	振子。光绪十一年，袭。
澍	恩荣堂叔。光绪二十一年，袭。
普泽	澍族弟。光绪三十二年，袭。

	世袭。三十五年三月，卒。谥襄壮。																		
三等襄勇侯	明亮 镶黄旗满洲。乾隆四十一年正月，以功	联庆 明亮孙。道光二年，袭。	恩昌 联庆子。道光九年，袭。	恩崇 恩昌弟。道光十五年，袭。	奎璧 恩崇侄。同治四年，袭。	存兴 光绪二十七年，袭。													

封一等襄勇伯。四十八年七月，革。嘉庆元年十二月，复以苗疆肃清封原爵。三年正月，

再革。七年十二月，封一等男。十年五月，晋封一等子。十四年正月，再晋三等伯。二十

三等果勇侯	
和隆武 正黄旗满	四年十一月，晋封三等襄勇侯。道光二年七月，卒。谥文襄。
和双额 和隆武弟。	
和英额 和双额弟。	
图麟 和英额子。道光	
穆铬 图麟子。咸丰	
希兰 穆铬子。同治	
秀纶 希兰孙。光绪	

	洲。乾隆二十二年六月，追赠其父和起为一等伯，并给一等子，令其承袭。四十一年	乾隆四十七年十二月，袭。		元年，袭。	三年，袭。	八年，袭。	三十二年，袭。

	正月，以平定金川功，晋封三等果勇侯，世袭罔替。四十七年八月，卒。谥壮毅。																		
三	勒	英	文	廷	廷	琦													

等威勤侯	
保	镶黄旗满洲。嘉庆二年九月，以功封一等威勤侯。三年八月，晋封威勤公。四年
惠	勒保子。嘉庆二十四年，袭封三等侯。
厚	英惠子。道光十二年，袭。
钧	文厚子。同治四年，袭。
桢	廷钧弟。光绪四年，袭。
瑶	廷桢嗣子。光绪十八年，袭。

七月，革。六年八月，封三等男。七年十二月，晋封一等威勤伯。二十四年八月，卒。晋赠

	一等威勤侯，谥文襄。																		
恭顺侯	吴惟华 明侯。顺治二年，叙迎顺功封。九年，坐罪削爵。																		
同	郑																		

芝龙　正红旗汉军。顺治五年八月，以归顺授一等精奇尼哈番。十年五月，晋封

安侯

	同安侯。后戍辽东。十八年十月，杀。																		
慕义侯	谭洪 顺治十六年，以来降封。康熙十三																		

年叛，革。	林兴珠 镶黄旗汉军。无袭。
	建义侯

清史稿卷一七〇

表第一〇

诸臣封爵世表三

初封		一次袭	二次袭	三次袭	四次袭	五次袭	六次袭	七次袭	八次袭	九次袭	十次袭	十一次袭	十二次袭	十三次袭	十四次袭	十五次袭	十六次袭	十七次袭	十八次袭
一等伯	莽古尔代	巴特玛 莽古	额参 巴特玛子。	四哥 额参兄。	班达尔沙	班岱 班达尔沙	班达哈 班岱	特通阿 班达	哈当阿 班塔	松桂	立端	恩特和图							

正黄旗满洲。天聪八年五月，自蒙古来归授三等昂邦章京。顺治二年二月，加为二等。	尔代兄之子。顺治九年七月袭。康熙三十一年十二月，以病退。	康熙三十一年十二月袭。三十七年十月，以庸劣解退。	康熙三十七年十月袭。缘事革。后降袭。	四哥伯父之二世孙。雍正七年，降袭二等精奇尼哈番。今汉文改为二等子。	子。乾隆八年十二月袭。	弟。乾隆十一年十二月袭。	哈子。乾隆四十五年十二月袭。	子。嘉庆四年袭。			立端继子。光绪三十四年袭。							

程	七年三月，恩诏加为一等。九年正月，恩诏封二等伯。又以恩诏晋一等伯。是年卒。
一	

尼　三等子。劳萨子。崇德七年八月袭。顺治七年三月，恩诏加为二等精奇尼哈番。

等　伯

九年正月，两次恩诏超封一等伯。阵亡，加一拖沙喇哈番。今汉文改为一等伯，又一

	云骑尉。谥诚介。																		
一等昭信伯	霸彦　三等子李永芳子。顺治九年正月，论功封一等伯。乾隆	释迦保	长生　释迦保子。	天保　长生族叔。	李绳宗	李淑忠	李侍尧　霸彦三世孙。乾隆三十三年袭。	李奉尧　李侍尧弟。											

	十四年，追赠一等昭信伯。																		
一等伯	舜保 二等公罗壁子。康熙元年，分袭一等伯，又一拖沙喇	奇通额 舜保子。康熙十二年三月袭。	钦拜 奇通额子。康熙三十四年十二月袭。	固宁阿 钦拜侄。乾隆十三年五月，降袭二等精奇尼	阿克敦 固宁阿子。乾隆三十年十二月袭。	武尔恭额 阿克敦子。乾隆四十七年十二月袭。	松宁 武尔恭额叔。乾隆四十九年十二月袭。	庆亮 嘉庆四年袭。	秀联 庆亮子。道光二十八年袭。	钟润 秀联子。光绪十八年袭。									

	哈番。今汉文改为一等伯，又一云骑尉。			哈番。今汉文改为二等子。															
一等伯	赵良栋 宁夏人。康熙三十四年四月，袭一	赵弘燮 良栋次子。康熙三十七年，袭一	赵之璧 弘燮子。康熙六十一年，袭一		赵曰秘 之璧孙。乾隆四十七年，袭一	赵其桢 道光年，袭一等伯。官河南河	赵延烺 其桢子。道光二十年袭。												

	追叙平云南功，封一等子。三十六年三月，卒。谥襄忠。乾隆三十二年，子世袭罔替。	等子。六十一年，卒。	等子。		等伯。	北镇总兵。二十年，卒。													

	德印 良休子。宣统三年袭。
	良休 毓寿继子。
	良绩 毓寿子。光绪七年袭。
	毓寿 哲琛泰继子。
	西尔杭阿 哲琛泰子。
	哲琛泰 伊勒图子。乾隆五十年七月袭。
四十七年，诏追晋一等伯。	伊勒图 正白旗满洲。乾隆五十年七月卒。以久任伊
	一等伯

	犁将军，办事妥协，由云骑尉追封一等伯，谥襄武。	
一等宣勇伯	和琳正黄旗满洲。乾隆五十	丰绅宜绵和琳子。嘉庆

元年，袭。四年，夺。

八年，任四川总督，以办理廓尔喀军饷妥协，授云骑尉世职，令伊子丰绅宜绵袭。六十

年九月,以军功特恩封一等宣勇伯。嘉庆元年八月,卒。赠一等宣勇公,谥忠壮,配享太

																		庙。四年正月，皆追夺。	
																	曾广汉 国荃孙。光绪二十年袭。	曾国荃 同治三年六月，以江南平，封一等威毅伯。光绪	一等威毅伯

	十六年十月，卒。谥忠襄。																		
一等果威伯	官文本汉军，姓王拨入正白旗满洲。同治三年六月，	荣绥官文继子。	荣绪官文继子。光绪三年袭。	兴恩荣绪继子。光绪四年袭。															

	以金陵克复封。十年正月，卒。谥文恭。																		
二等伯	伊尔登 镶黄旗满洲。天命六年，授二	噶杜 伊尔登兄之孙。康熙二年八月袭。	唐保住 噶杜子。康熙二十六年十二	詹布 唐保住嗣子。雍正六年三月，降袭	恒德 詹布叔父。雍正十二年六月袭。	伊兴阿 恒德兄子。乾隆五年十二月袭。	方海 伊兴阿兄子。乾隆十四年十二月	索诺木策凌 方海从叔。乾隆十七	伍尔图那思图 方海孙。乾隆	贵山 伍尔图那思图子。道光十七年袭。	维宽 贵山子。同治六年袭。	维厚 光绪九年袭。	普津 维厚子。光绪二十三年袭。						

四十七年袭。
年十二月袭。四十七年五月，以罪革。寻赐死。
袭。
坐事革。
一等阿思哈尼哈番。今汉文改为一等男。
月袭。雍正六年三月，缘事革。
等副将。缘事革。天聪五年，积军功加至一等副将。十年，又以罪革。崇德六年，以军

功授三等梅勒章京顺治二年，加为一等。七年，恩诏加为三等精奇尼哈番。九年，恩诏

	启
	锡
	乐
	永
	白
	德
	博
	马
	巴
	班
	郎
超封三等伯。又以恩诏晋二等伯。十三年,以年老休致。康熙二年,卒。谥忠直。	明
	二

等伯	安	苏	第	图	兰泰	伦岱	宁	清额	德	善	光	泰
	正黄旗满洲。天聪八年五月，以自蒙古来归，授三等昂邦章京。顺治七年三月，	明安子。顺治十一年七月袭。康熙元年九月，缘事革。以其子班第袭。顺治八年八月，	郎苏子。康熙元年九月袭。八年八月罢。二十五年六月再袭。三十四年十二	班第弟。康熙三十四年十二月袭。	巴图子。康熙四十三年九月袭。雍正七年二月，特旨晋一等侯。乾隆元年，	马兰泰从弟。乾隆元年五月袭。十四年八月，给号恭诚。	博伦岱子。乾隆二十二年十二月袭。	德宁从弟。原袭三等子，乾隆三十四年七月改袭。	白清额堂弟。乾隆五十四年袭。	永德子。嘉庆十年袭。道光十九年，卒。	乐善子。道光十九年袭。	锡光子。光绪元年袭。

恩诏加为二等。九年正月，恩诏优封三等伯。又以恩诏晋二等伯。十一年，卒。谥忠

复爵。

月，以病解退。

革。

	顺。雍正七年二月，赠一等侯。乾隆十四年八月，晋赠一等恭诚侯，世袭。				
二等伯	都霤 正红	新达里	石柱 新达	七十 石柱	朱良 七十

旗满洲。顺治二年，以军功授牛录章京。七年，以系和硕额驸，加三等阿思哈尼哈番，并	都雷孙。顺治十四年袭。坐事革。	里子。顺治十八年，将都雷因和硕额驸所得之三等阿思哈尼哈番销去，降袭二等阿思	叔父。康熙元年袭。	子。康熙二十二年袭。后降袭。															

哈尼哈番。今汉文改为二等男。

前职为一等。恩诏加一拖沙喇哈番。特恩加为三等精奇尼哈番。九年，两次恩诏

	穆尔泰 纳泰子。康熙三十三年十月袭。子奇山降袭。
	纳泰 纳海弟。顺治十七年二月，袭二等伯。
超封二等伯。	纳海 二等子哈山子。以军功加至三等阿达哈哈番。顺治十二年十
	二等伯

	一月，并哈山职袭封二等伯。									
二等伯	马齐 一等男李荣保兄。康熙五十六年，降袭一等	富兴 马齐子。乾隆四年十月袭。	富良 富兴弟。乾隆十三年七月，将原袭之骑都尉	善明 富良子。乾隆四十二年十二月袭。	富尔嵩阿 乾隆六十年袭。	松阴 嘉庆二十年袭。	承志 道光二十三年袭。	宗佑 光绪十一年袭。	宗英 光绪十四年袭。	宗华 宣统三年袭。

并为一等伯。十四年八月，袭一等敦惠伯。卒。谥恭勤。

阿达哈哈番。六十一年十一月，仍准袭一等阿思哈尼哈番。十二月，复以勤劳晋封二

	赫良色穆哈
	穆哈连噶尔
等伯。乾隆四年五月卒。谥文穆。十四年八月，晋二等敦惠伯。	噶尔玛僧
	三等伯

三等襄	
阿积格	格二等子博本弟。天聪八年袭。顺治九年正月，恩诏晋封三等伯。
伊理布	玛僧格兄之子。顺治九年六月袭。以罪革。
阿什谭	连叔父之孙。康熙二十三年五月袭。以罪革。
英德阿什	
马尔逊	
阿尔逊	
六十一	
德福六十	
扎拉芬	
哈齐香	
延庆哈齐	
长有延庆	
锐镛长有	

宁伯

尼堪 正白旗满洲。初袭兄阿哈尼堪之三等甲喇章京，积军功加至一等昂邦章

阿积格尼堪子。顺治八年二月袭。九年正月，恩诏晋二等伯。又以恩诏晋一等伯。康熙

伊理布子。康熙十九年八月袭。

谭弟之子。康熙五十年五月袭。以事革。

英德兄。雍正十年十二月袭。寻缘事革。

马尔逊兄。雍正十二年二月袭。

阿尔逊子。雍正十二年十二月袭。

一从弟。乾隆二十二年十二月袭。乾隆

德福子。乾隆五十五年，袭一等襄宁伯。十四年八月，袭三等襄宁伯。坐事革。

阿 扎拉芬子。

香阿子。

子。光绪光绪二年袭。

继子。光绪十八年袭。

十七年，征湖广，阵亡。谥武壮。
京。顺治四年十月，又以军功优封三等伯。七年，从征湖广，卒于军。谥武敏。乾隆

	三等伯
十四年八月，赠三等襄宁伯，世袭。	石廷柱 正白旗汉军。顺治七年八月，以军
	石文炳 廷柱孙。顺治十八年八月袭。
	富达礼 文炳子。康熙三十四年十一月袭。
	庆德 富达礼弟。雍正八年六月，降袭一等精奇
	祥泰 庆德兄之子。雍正十一年十月袭。缘事
	石勇 祥泰族叔。雍正十二年十二月袭。
	明德 石勇子。乾隆四十四年十二月袭。
	阿裕噜 明德子。嘉庆三年袭。
	呢尔吉巴图 阿裕噜子。道光二十七年
	景全 呢尔吉巴图子。光绪五年袭。
	凤岐 景全子。光绪十七年袭。

功由一等精奇尼哈番封三等伯。八年正月，复以军功晋二等伯。九年正月，恩诏晋一

雍正八年六月，缘事革。后降袭。

尼哈番，又一拖沙喇哈番。今汉文改为一等子，又一云骑尉。坐事革。

革。

袭。

	等伯。十四年八月,缘事降三等伯。十八年,卒。谥忠勇。																		
三等伯	王之鼎 二等子王	王毓秀 之鼎子。	王钝 毓秀子。康熙	王淳 钝子。乾隆十五	王条 淳子。乾隆十八	王炽 条子。乾隆二十	王炎 炽子。乾隆三十	王增 炎子。乾隆五十	王蘘 增叔祖子。道光	王基 蘘子。道光十三	桂普 基子。同治七年	德源 桂普子。光绪	德浩 德源弟。光绪						

二十五年袭。
二十四年袭。
袭。
年袭。
四年袭。
二年袭。
六年袭。
四年十二月袭。
年十二月袭。
年七月，降袭二等子。
三十四年六月袭。乾隆十四年八月，袭三等诚武伯。
康熙二十二年四月袭。
世袭子。顺治七年十一月袭。九年正月，恩诏加为一等精奇尼哈番。康熙九年二月，

以军功晋封三等伯。十九年，在贵州殉节。谥忠毅。乾隆十四年八月，赠三等诚武伯。

三等伯	六十 二等子普汉弟。崇德二年十月袭。顺治九年正月，恩诏晋封三等伯。	佟国瑶 六十子。顺治十七年五月袭。卒。谥忠悫。	海福 瑶子。康熙二十九年六月袭。																
三	车	蟒	图	亨	瑚	花	伊	贵	常	常	海	荣	连						

等	伯
尔	布一等子叶臣子。顺治三年，积军功授牛录章京兼半个前程。缘事降拖沙喇
喀	车尔布子。康熙七年袭。
禄	蟒喀子。康熙五十四年袭。
一	图禄子。康熙元年袭。
图	灵阿亨一□。乾隆四十三年袭。
里	雅松阿嘉庆七年袭。
隆	阿嘉庆十八年袭。
明	嘉庆二十一年袭。
兴	贵明叔。道光十八年袭。
英	常兴弟。道光二十年袭。
泉	常英子。同治元年袭。
椿	光绪十三年袭。
奎	光绪三十年袭。

哈番。五年，分袭伊父之二等精奇尼哈番。九年，恩诏晋封三等伯。十四年，以军功晋一

等伯，又一拖沙喇哈番。缘事仍降为三等伯。	线国安正红旗汉军。顺治十一
	三等伯

	恩
	瑞
	达
	松
	丰
	永
	伊
	伊
	舒
	赫
	阜
年九月，以军功由二等阿思哈尼哈番封三等伯。康熙十四年四月，病故。无袭。	巴
	三

等伯	都礼 正白旗满洲。国初征大同，阵亡。天聪八年十一月，赠三等梅勒章京。	罗 巴都礼子。天聪八年十一月，袭三等梅勒章京。顺治二年九月，以功晋一等。九年	特贺 卓罗孙。康熙七年十二月袭。	敏 赫特贺弟。康熙十六年六月袭。	雷 舒敏子。康熙三十八年闰七月袭。	勤慎 舒敏子。康熙四十三年九月袭。	庆 伊勒慎子。乾隆十三年十二月，降袭三等伯。十四年八月，袭三等昭毅伯。二十	升额 永庆子。	岫 丰升额子。	明 松岫叔祖之孙。同治五年袭。	麒 达明子。	涛 瑞麒子。光绪十五年袭。							

四年六月，以军功晋二等昭毅伯。

正月，累晋一等。康熙二年十二月，以功晋封二等伯。卒。谥忠襄。乾隆十四年八月，赠

康熙四年，晋赠三等伯。

		二等昭毅伯，世袭。																	
三等伯	龚图 一等男艾音达睦子。康熙十九年六月，袭一等子。三十	噶敏图 龚图子。康熙三十九年三月，袭三等伯。坐事革。	永泰 噶敏图弟。康熙五十七年十二月，仍降袭二等精奇尼哈	富勒赫 永泰子。乾隆二十年七月，袭二等子。	珠尔松阿 富勒赫子。乾隆五十三年袭。														

	六年七月，以军功晋封三等伯。		番。今汉文改为二等子。																
三等伯	阿喇纳 一等子哈岱孙。康熙十九年十一月袭。	伍弥泰 阿喇纳子。雍正二年十二月袭三等伯。	伍弥乌逊 伍弥泰子。乾隆五十一年十二月袭。	景文 伍弥泰子。嘉庆元年十二月袭。	伍弥乌逊 伍弥泰子。嘉庆三年袭。	鄂罗什音阿布拉克齐 伍弥乌逊	拉什格哩克 伍弥乌逊子。嘉庆九年袭。	彦庆 道光十八年袭。	彦龄 彦庆弟。同治六年，袭三等诚毅伯。	保林 彦龄子。同治八年袭。									

子。嘉庆六年袭。

乾隆十四年八月，袭三等诚毅伯。

雍正二年，以在布隆吉病故，加赠拜他喇布勒哈番，并为三等伯。乾隆十四年八月，赠

	三等诚毅伯,世袭。																		
三等襄勤伯	鄂尔泰 镶蓝旗满洲。雍正五年十二月,以军功授为一等	鄂容安 鄂尔泰子。乾隆十年十二月袭。十四年八月,改袭襄	鄂津 鄂容安子。乾隆二十一年四月袭。	鄂岳 鄂津之兄。乾隆三十四年十二月袭。	保伦 鄂岳子。嘉庆十四年十二月壬寅袭。	福谦 保伦子。道光六年袭。	赵珏 福谦子。同治八年袭。												

勤伯。二十年八月,殉节伊犁。谥刚烈。

轻车都尉。七年正月,万寿恩诏晋三等男。十年二月,以平苗积功晋一等伯。十三年七

月，诸苗叛，降三等男。八月，加赐一等轻车都尉，并作一等子。乾隆二年十二月，复给一骑都尉,并为三等伯。十年四月,卒。谥文端,配享太庙。十四年八月,赠号三等襄勤伯。

张廷玉江南桐城人。雍正八年十月，以劳赐世职。十三年八月，并其世职封
三等勤宣伯

三等子。乾隆二年十二月，晋封三等伯。十四年八月，赐号三等勤宣伯。十四年十二月，

	革。后卒。谥文和，配享太庙。																		
三等忠勤伯	黄廷桂镶红旗汉军。乾隆二十三年十二月，以	黄嘉黄廷桂长孙。乾隆二十四年六月袭。	黄文爆黄嘉子。乾隆三十三年十二月袭。	瑞保黄文爆子。五年嘉庆九年袭。	松山瑞保子。道光袭。	黄永安松山子。光绪元年袭。	广俊黄永安子。宣统元年袭。												

	军功由骑都尉晋封三等忠勤伯。二十四年正月，卒。谥文襄。																		
三等敬勤	鄂尔奇达	彻灵达史	伊昌阿彻灵	敦珠布拉															

伯	逊正黄旗满洲。原额鲁特台吉。乾隆二十七年五月，叙功封三等敬勤伯。	鄂尔奇达逊子。乾隆四十六年十二月袭。五十一年，移入本旗蒙古。	达史子。乾隆五十三年袭。	史伊昌阿叔父。乾隆五十五年袭。五十七年故。无嗣停袭。															
三等	温福	永保																	

伯	镶红旗满洲。乾隆三十八年六月，以征金川阵亡，追封一等伯。七月革。	温福子。乾隆三十八年袭。旋停。																	
三等	李长	李廷																	

壮烈伯	庚 嘉庆十三年，自福建水师提督以剿海寇蔡牵阵亡。追封，谥忠毅。	钰 长庚嗣子。																	
三等伯	许世亨	许文谟	许琳 文谟	许保瑞	许承鳌														

四川人。官广西提督。乾隆五十三年,以平安南功封一等子。五十四年,以阵亡富	世亨子。乾隆五十四年袭。	子。道光年袭。	文谟次子。道光二十六年袭。	世亨曾孙。同治十二年八月袭。															

	郑修典 郑缵绪子。康熙六年六月袭。后无袭。
良江，赠三等伯。	郑缵绪 正白旗汉军。康熙二年八月，以投诚封二等伯。十二
	慕恩伯

	月,改慕恩伯。																		
承恩伯	周全斌 正黄旗汉军。康熙三年四月,以投诚封三等伯。十二	周公仁 周全斌子。康熙十一年七月袭。	周鸣岐 周全斌孙。康熙五十九年,因伯爵袭次已完,特旨赐袭三																

	月，改承恩伯，食三等伯俸，准袭一次。卒。谥恪顺。		等阿达哈哈番。今汉文改为三等轻车都尉。																
伯	马承荫 康熙十八年，以来降																		

封。后反诛。

忠诚伯

冯希范

正白旗汉军。康熙二十一年,以自台湾归顺封。无袭。

清史稿卷一七一

表第一一

诸臣封爵世表四

封	初	一次袭	二次袭	三次袭	四次袭	五次袭	六次袭	七次袭	八次袭	九次袭	十次袭	十一次袭	十二次袭	十三次袭	十四次袭	十五次袭	十六次袭	十七次袭	十八次袭
一等子	多尔机达	博地多尔机达	色楞博地子。	黑达色色楞	奇拉克黑达	兴安奇拉克	保清兴安子。	伊什扎木	祥麟伊什扎木	俊璋祥麟子。									

	尔汉诺彦 镶黄旗蒙古。崇德元年，以来归授一等梅勒章京。顺治二年，以系	尔汉诺彦子。顺治十七年七月袭。	康熙四十五年十二月，降袭三等精奇尼哈番。今汉文改为三等子。	子。雍正三年五月袭。	色子。乾隆二十四年十二月袭。	子。乾隆四十八年十二月袭。		苏保清子。袭。	苏子。	光绪十一年									

太宗恩养之臣，加半个前程，课绩加为三等昂邦章京。恩诏加至一等，拖沙喇哈番。

	一等子
今汉文改为一等子，又一云骑尉。卒。谥顺僖。	祖泽润 正黄旗汉军。崇德
	祖植松 祖泽润子。顺治十八
	祖兴邦 祖植松子。康熙二十
	官保 祖兴邦子。二十九年十月
	祖俊 官保弟。康熙五十九年
	祖云龙 祖俊子。雍正七年
	拉玛 祖云龙子。乾隆三十一年
	那庆 拉玛弟。乾隆四十八年
	如意 那庆弟。乾隆五十年十
	庚音布
	志和 庚音布孙。咸丰七年袭。
	麟桂
	锺纶

光绪四年，更名志桐。
二月袭。
十二月袭。
十二月袭。缘事革。
二月袭。
七月，降袭二等精奇尼哈番。今汉文改为二等子。
袭。
年六月袭。
年正月袭。
元年六月，以随父祖，大寿投诚，授三等昂邦章京。顺治元年二月，以军功加为二等。

缘事革。寻以军功复职。九年，恩诏加至一等，又一拖沙喇哈番。今汉文改为一等子，

	阿毓锡色楞澈臣子。康熙十一年十二月袭。无嗣。
又一云骑尉。	色楞澈臣镶白旗蒙古。崇德元年五月,以来归授三等昂邦
	一等子

章京。顺治二年二月，以军功加为二等。九年，恩诏加至一等，又一拖沙喇哈番。今汉

	张裕辉 国正子。光绪二十四年袭。
	张国正 廷岳子。光绪元年袭。
	张廷岳 仲敬侄。道光十九年袭。
	张仲敬 秉聪子。嘉庆十一年袭。
	张秉聪 世芳子。乾隆三十九年袭。
	张世芳 理子。乾隆五年十二月袭。
	张理 朝午子。康熙五十六年五月，降袭三等精奇
	张朝午 珽叔父。顺治十年六月袭。
	张珽 存仁孙。顺治九年正月袭。
文改为一等子，又一云骑尉。	张存仁 镶蓝旗汉军。崇德元年六月，以同祖大
	一等子

尼哈番。今汉文改为三等子。

寿投诚，授三等梅勒章京。顺治三年五月，军功加至三等昂邦章京。九年，恩诏加至一等，

阿楠	又一拖沙喇哈番。今汉文改为一等子，又一云骑尉。是年卒。谥忠勤。
一等	

达一等男图霸子。顺治十二年三月袭。康熙五年，并伊伯父瓦色之拜他喇布勒哈番

子

	博尔忠额
	博尔敦沙晋
	沙晋六格子。
又一拖沙喇哈番，袭为一等精奇尼哈番。陈亡。今汉文改为一等子。	六格一等子阿
	一等子

	楠达子。康熙十九年三月袭。二十五年，追叙伊父阵亡功，加一拖沙喇哈番。今汉文改	雍正十年闰五月袭。降袭一等男。	子。乾隆十五年十二月袭。	博尔敦子。乾隆四十五年十二月袭。															

	为一等子又一云骑尉。																		
一等子	陈泰 镶黄旗满洲。崇德六年，以军功授牛录章京。顺治	倪满 陈泰嗣子。顺治十三年八月袭。	白奇 倪满嗣子。顺治十八年正月袭。以才力不及，爵除。	善岱 白奇子。康熙三十四年十二月袭。	陈隆 善岱子。乾隆十四年五月，降袭一等男。	全泰 陈隆孙。乾隆六十年袭。	福恩 全泰子。嘉庆二十二年袭。	广顺 全泰嗣子。道光七年袭。	桂林 广顺子。同治十年袭。	维荣 桂林子。光绪九年袭。	惠志 维荣子。光绪二十二年袭。								

八年正月，以军功晋封二等阿思哈尼哈番。九年正月，恩诏晋三等精奇尼哈番，又晋

一等子		
阿尔津 正蓝	二等。十三年,以军功晋一等。今汉文改为一等子。卒。谥忠襄。	
济锡 阿尔津子。		
阜林 济锡弟。		
噶住 阜林叔		
德克经额		
伊凌阿 德克		
六十五 伊凌		
积福 六十五		
福禄 积福子。		
三音博勒		
双寿 三音博勒		
连祥 双寿子。		
文泽 连祥子。		
锡善 文泽继		

旗满洲。顺治五年六月，积军功授一等阿思哈尼哈番。八年二月，加至二等精奇尼哈

顺治十七年七月袭。以罪革。

康熙八年十月袭。以才力不及，革。

父。康熙三十四年十二月袭。

噶住子。康熙四十五年九月，降袭二等精奇尼哈番。今汉文改为二等子。

经额子。雍正九年六月袭。

阿从弟。乾隆三年十二月袭。

子。乾隆十四年十二月袭。

乾隆五十三年袭。

格图图禄子。嘉庆七年袭。

格图子。道光二十四年袭。

同治十年袭。

子。光绪二十四年袭。

	番。九年正月，恩诏晋一等。卒。谥端果。																		
一等子	冷格里 正黄旗满洲。国初积军	穆成额 冷格里子。天聪八年袭。	穆赫林 穆成额子。崇德五年六月	四格 穆赫林子。康熙四年正月，	吉当阿 四格子。康熙四十九年	色克图 吉当阿弟。四年六月	杨桑阿 色克图兄子。乾隆九年	舒崇阿 杨桑阿子。弟。乾隆十八	杨桑阿 乾隆二十五年复袭。	赛炳阿 杨桑阿弟子。乾隆三十	舒勋 赛炳阿子。	瑞文 舒勋子。道光七年袭。	奎文 瑞文叔祖扎清阿系。道光二十	贵文 奎文弟。咸丰三年袭。	毓顺 贵文子。同治元年袭。	锺斌 毓顺子。光绪十七年袭。	荣华 钟斌叔子。光绪三十一年袭。		

	功，授一等总兵官。今汉文改为一等子。卒。谥武襄。		袭。顺治九年正月，恩诏晋封二等伯，又晋一等伯。	袭一等伯。	二月，降袭一等精奇尼哈番。今汉文改为一等子。坐事革。	袭。	十二月袭。十八年，缘事革。	年十二月袭。二十五年十二月，卒。仍以兄杨桑阿袭。		年十二月袭。			八年袭。						
一等子	顾尔布锡	色楞 顾尔布锡	多尔济 色楞	沙穆巴 多尔	阿世坦 沙穆	沙进 阿世坦弟。	伽蓝保 沙进	景文 伽蓝保子。	托喜 景文弟。	博昆 托喜子。	珠尔杭阿	勋良 光绪八年							

镶黄旗满洲。原系喀尔喀巴禹特贝子。天命六年，率部属来归，授三等总兵官。顺治

子。顺治十八年三月袭。

子。康熙二十五年十二月袭。

济子。康熙三十年袭。

巴伯父之子。康熙四十七年四月，降袭二等精奇尼哈番。今汉文改为二等子。

康熙五十年十月袭。

兄之子。康熙五十七年十二月袭。坐事革。乾隆八年十一月复袭。

乾隆十三年六月袭。

乾隆二十五年十二月袭。

嘉庆十七年袭。

博昆子。同治七年袭。

袭。

元年，以军功晋二等。七年，恩诏晋一等。今汉文改为一等子。八年正月革。九年十一

	月复封。十八年正月，卒。谥襄武。																		
一等子	敦拜正黄旗满洲。天聪八年，以办事勤	胡什布敦拜弟之孙。顺治十六年七	玛尔岱胡什布子。康熙四十五年十一	富鼐玛尔岱子。乾隆二年十二月袭。以事	富如富鼐从侄。乾隆七年十二月袭。	阿克栋阿富如子。乾隆十八年三	傅和德更名文成。阿克栋阿子。乾隆	富僧阿文成从叔祖。乾隆五十二年	成明富僧阿继子。道光二年袭。	凤纪成明子。道光十九年袭。	连兴凤纪子。光绪元年袭。	祥茂连兴子。光绪十七年袭。							

	慎，授牛录章京。军功加至一等阿达哈哈番。顺治七年五月，以军功加为三等阿思哈	月袭。	月，降袭一等阿思哈尼哈番。今汉文改为一等男。	革。		月袭。	三十一年十二月袭。	袭。											

尼哈番。八月，缘事降。事白，复前职。九年正月，恩诏晋一等阿思哈尼哈番。十三

	年闰五月，以军功晋一等精奇尼哈番。今汉文改为一等子。卒。谥襄壮。																	
一等	准塔	阿喇	雅尔	舒书	迈图	尹达	西佛	关保	积德	常安	永住	福克	清泰	额勒	恩绥	扎昆		

子	正白旗满洲。天聪八年,以办事有能,授牛录章京。崇德四年七月,以军功加至二等梅	弥准塔弟。顺治五年六月袭。七年,恩诏准世袭罔替。九年正月,恩诏晋封二等	瑚阿喇弥孙。康熙二十一年三月,袭三等伯。	准塔兄之子。康熙二十一年七月,恩阿喇弥罪,销去恩诏所得,仍降袭一等精奇尼哈	舒书子。康熙三十三年闰五月袭。以罪革。	准塔弟之子。康熙四十六年八月袭。	尹达子。康熙五十三年十一月袭。	西佛兄之子。雍正四年七月袭。	关保伯祖之曾孙。乾隆四年十二月袭。	积德子。乾隆十七年十二月袭。	常安伯祖之二世孙。乾隆五十嘉庆六年袭。道光十一年九月,以声名狼藉革。	精阿永住叔曾祖之三世孙。十一年袭。	福克精阿叔高祖之六世孙。道光三年袭。	精清泰子。	额勒子。	珠子。宣统三年袭。			

番。今汉文改为一等子。

伯。缘事降三等伯。

勒章京。缘事降。顺治五年六月，以军功加至一等精奇尼哈番。今汉文改为一等子。

	卒。谥襄毅。																		
一等子	范文和镶黄旗汉军。天聪八年，以军功授三等甲喇章京。崇德	范承斌文程子。康熙六年正月袭。	范时捷承斌子。康熙三十四年四月袭。	范济时捷子。乾隆三年十二月，降袭一等男。	范建中济子。乾隆七年十二月袭。	范树廷建中子。嘉庆五年袭。	范正容树廷子。嘉庆二十四年袭。	范一夔正容子。道光四年袭。	范懋昭一夔子。道光十八年袭。	范懋彰懋昭曾祖之曾孙。咸丰十一年袭。	范先彝懋彰子。光绪二十一年袭。								

元年，课绩加为二等。顺治二年二月，以勤劳加至三等梅勒章京。五年十一月，加至一等。九年正月，恩诏晋至一等精奇尼哈番。今汉文改为一等子。康熙五年八月，卒。

	谥文肃。																		
一等子	马光远 镶黄旗汉军。天聪八年五月，以投诚授一等昂邦章京。今汉	马思文 马光远弟之子。顺治四年袭。九年正月，恩诏晋封三等伯。	马世斌 马思文子。康熙二十五年七月，袭三等伯。	马元熙 马世斌子。雍正二年十二月，仍降袭一等精奇尼哈番。今汉	马元凯 马元熙弟。乾隆五年十二月袭。	马肇永 马元凯子。乾隆二十七年十二月袭。	恒兴 马肇永子。嘉庆十三年袭。	宝善 恒兴子。光绪九年袭。	锤祺 宝善子。光绪二十七年袭。	荣振 钟祺子。									

一等子		
祖泽洪	镶黄旗汉军。崇德元年六月，	文改为一等子。卒。谥诚顺。
祖良栋	祖泽洪子。康熙五年四月袭。	
祖良璧	祖良栋弟。康熙九年八月袭。	
祖应枢	祖良璧子。康熙五十七年十二	文改为一等子。坐事革。
祖尚贤	祖应枢子。雍正十一年八月袭。	
祖学恭	祖尚贤子。乾隆二十五年十二	
祖学让	祖学恭弟，乾隆三十年十二月	
裔恒	祖学让子。乾隆四十年十二月袭。	
祥安	裔恒子。嘉庆二十年袭。	
耆庆	祥安孙。咸丰十年袭。	

袭。

月袭。坐事革。

月，降袭一等阿思哈尼哈番。今汉文改为一等男。

以随祖大寿投诚，授一等梅勒章京。顺治八年正月，以军功累加为三等精奇尼哈番。

一等子	
塔什海护鲁格镶黄旗蒙	九年正月，恩诏晋至一等。今汉文改为一等子。
马德理塔什海护鲁格孙。顺治	
黑雅图马德理子。康熙十四年闰	
关寿黑雅图子。康熙四十六年	
善福关寿子。雍正十一年十月袭。	
常明善福子。乾隆三十二年十二	
德奎常明子。	
文志德奎子。道光八年袭。	
恩裕文志子。	
祥霖恩裕继子。同治十一年袭。	

月袭。

四月，降袭三等精奇尼哈番。今汉文改为三等子。

五月袭。

九年正月袭。

古。崇德元年五月，以来归授三等精奇尼哈番。顺治九年正月，恩诏加至一等。今汉

	文改为一等子。																		
一等子	郭尔图彻臣 正黄旗蒙古。崇德元年五月，以率户口来归，	塞音察克 郭尔图彻臣子。顺治五年十二月袭。	班第 塞音察克子。顺治十五年七月袭。	巴尔弥特 班第伯父之子。顺治十八年五月袭。	多尔济 巴尔弥特子。康熙三十三年四月袭。	鄂奇尔 多尔济兄。康熙五十四年二月袭。	永达尔 鄂奇尔乾隆康熙七年十二月袭。	巴扎尔 永达伯父。五十八年八月袭。	鍾文 巴扎尔子。乾隆十六年闰三月袭。坐事革。	鍾惠 钟文弟。乾隆十八年十二月袭。	庆祥 钟惠孙。乾隆五十一年十二月袭。	吉善	英志 吉善子。光绪九年袭。	启勋 英志子。光绪十一年袭。	启元 光绪十三年袭。				

一等子		
德参济旺	正黄旗蒙古。崇德元年	授一等昂邦章京。今汉文改为一等子。
嗎尔玛	德参济旺子。顺治五年八月	
刘保住	嗎尔玛孙。康熙二十九年九月	
常在	刘保住子。雍正七年二月袭。	
拜凌阿	常在子。乾隆元年十二月袭。	
达崇阿	拜凌阿弟。乾隆十四年十二月	
塔思哈	达崇阿子。乾隆四十七年十二	
吉祥保	塔思哈子。乾隆五十四年袭。	
庆兴	吉祥保子。嘉庆三年袭。	
庆禄		
玉麟		
荣恩	光绪、二十五年，袭。	

	五月，以率部属来归，授一等昂邦章京。顺治二年十月，缘事降为三等。四年三月，又以	袭。	袭。		坐事革。	袭。	月袭。												

	军功加至一等。今汉文改为一等子。											
一等子	峨尔克奇代青正白旗蒙古。崇德	嘉穆素峨尔克奇代青子。崇德八年二月	根笃贾布嘉穆素子。康熙六年十月袭。	绰格图根笃贾布子。康熙六年十二月袭。	希喇巴峨尔克奇代青弟之孙。康熙九年	喇马札布希喇巴叔父之子。康熙十三	八达理喇马札布弟。康熙四十四年八月	常德八达理子。雍正十二年五月袭。	温都逊常德兄子。乾隆九年十二月袭。	德尔格楞贵温都逊子。乾隆十二四年	策楞多尔济德尔格楞贵侄。嘉庆九年	敬昌策楞多尔济孙。咸丰六年袭。

	元年五月，以率户口来归，授二等昂邦章京。七年八月，以军功加为一等。今汉文改	袭。恩诏准世袭罔替。	寻卒。		十月袭。	年九月袭。	袭。			十二月袭。	袭。								

	为一等子。卒。顺治十八年，追谥勤良。																		
一等子	布尔哈都 正蓝旗蒙古。崇德元年	班肫 布尔哈都子。顺治元年三月袭。	巴特马桑 班肫子。康熙二年四月，	索诺木喇什 巴特马桑子。康熙	吉昌 索诺木喇什子。康熙五十五年	色布腾 吉昌子。乾隆三十六年十二	巴彦库拉哲依 色布腾子。嘉庆	那木札尔 巴彦库拉哲依子。嘉庆	哈达固济拉 那木札尔子。	图们达赉 哈达固济拉继子。	诚志 图们达赉继子。光绪二十年袭。								

一等子	
胡有升	六月,以寨户口来归,屡立军功,授一等昂邦章京。今汉文改为一等子。
胡启泰	九年正月,恩诏晋封一等伯。
胡绳祖	袭一等伯。
胡世勋	二十二年十二月袭。
胡松龄	袭。
胡松年	月袭。
百顺胡松	二年袭。
七十一	十六年袭。
扎拉丰	
富珠隆	
诚配富珠	
富兴阿	
广喜富兴	
海山广喜	

镶白旗汉军。崇德四年八月，以投城授三等梅勒章京。顺治元年二月，以军功晋为二	胡有升子。康熙六年闰四月袭。	胡启泰子。康熙三十四年十二月袭。	胡绳祖子。康熙五十七年十二月，降袭一等阿思哈尼哈番。今汉文改为一等男。坐事	胡世勋子。乾隆八年十二月袭。坐事革。坐事革。	胡松龄从弟。乾隆十一年十二月袭。	年从侄。乾隆二十一年十二月袭。	百顺子。乾隆四十五年二月袭。	阿七十一子。道光七年袭。	阿扎拉丰阿弟。道光十三年袭。	隆阿族弟。道光十九年袭。	诚配族弟。光绪元年袭。	阿子。光绪十年袭。	子。光绪二十三年袭。					

革。

等。九年正月，以恩诏晋至三等精奇尼哈番。康熙三年十月，以军功晋至一等。今汉

	文改为一等子。																		
一等子	巴泰 镶蓝旗汉军，姓金。崇德六年，以军功授半个前程。顺治二年，	苏赫 巴泰子。康熙三十年二月袭。	苏白合 苏赫子。康熙五十九年九月，降袭一等阿思哈尼哈番。	金文彦 苏白合子。雍正七年六月袭。坐事革。	通瑞 金文彦子。乾隆九年十二月袭。	和鸣 通瑞从叔。乾隆十四年十二月袭。	金文奎 和鸣从弟。乾隆二十年十二月袭。	菩萨保 金文奎子。乾隆四十四年十二月袭。	庆瑞 菩萨保子。嘉庆九年袭。	金泳 庆瑞子。咸丰十一年袭。	桂祥 金泳子。同治六年袭。								

今汉文改为一等男。坐事革。

加为牛录章京。恩诏加至二等阿达哈哈番。康熙三年四月，以竭尽忠义，加至三等阿思哈尼哈番。九年十一月，以效力年久，加至一等精奇尼哈番。今汉文改为一等子。

	一等子
二十九年十一月，卒。谥文恪。	赖达库 三等男安达礼子。崇德八年袭。
	席喇 赖达库子。康熙二十三年五月袭。缘事
	萨赖 席喇子。康熙二十八年五月袭。三十
	席喇 萨赖父。康熙三十七年正月复袭。四十
	三保柱 度喇子。康熙四十六年降袭一等
	保奈 三保柱弟。康熙四十八年四月，七月袭。
	傅起 保奈子。雍正六年三月袭。
	六十五 傅起弟。乾隆二十四年十二月袭。
	福伦 六十五子。乾隆二十六年十二月袭。
	福海 福伦子。乾隆五十六年袭。

	顺治八年二月，恩诏以军功加为一子。	退。	七年正月，以不胜任罢。	六年四月，以年老革。	阿思哈尼哈番。今汉文改为一等男。寻以罪罢。														
一等子	阿山 正蓝旗满洲。顺治二年二月，	色赫 阿山子。顺治四年七月袭。	法喀 色赫子。顺治六年五月，因阿	桑格 法喀弟。顺治十三年五月，袭	雅尔泰 桑格子。康熙二十年十	鄂尔多 雅尔泰叔祖之子。康熙	图纳 鄂尔多子。雍正元年七月袭。	堆音齐 图纳从兄之子。乾隆三十	法灵阿 堆音齐子。乾隆十二年十	海昌 法灵阿子。乾隆四十九年十二	恒康 海昌子。	阿穆昌阿 恒康伯高祖四世孙。	恒福 阿穆昌阿子。	奎凤 恒福子。道光五年袭。	廷佐 奎凤子。	德鉴 廷佐子。宣统二年袭。			

积军功封三等公。三年正月，缘事降为一等昂邦章京。今汉文改为一等子。
山罪，降袭一等阿思哈尼哈番。七年，恩诏准世袭罔替。九年正月，恩诏加至三等精奇
一等男。
一月袭。
六年正月袭。
以事革。
三年十二月袭。
二月袭。
月袭。
嘉庆十一年袭。

尼哈番。十二年三月，缘事降为一等阿思哈尼哈番。今汉文改为一等男。寻以罪革。

一等子	许定国 镶白旗汉军。顺治二年，以率众投诚，授一等昂邦章京。今汉文改为一	许尔安 许定国子。顺治五年八月袭。十二年三月，以罪革戍。	许尔吉 许尔安弟。顺治十二年六月袭。	许世文 许尔吉子。康熙二十三年三月袭。	许重琦 许世文子。康熙三十七年七月袭。坐事削，停袭。														

	等子。																		
一等子	吴拜 正白旗满洲。顺治四年三月，积军功授一等昂邦章京。七年三月，恩诏	郎谈 吴拜子。康熙四年九月袭。	拉歆 郎谈子。康熙三十四年十月袭。	英兆 拉歆子。雍正十三年十二月袭。	文庆 英兆子。乾隆二十九年十二月袭。缘事袭。	七十一 文庆从弟。乾隆四十五年十二月袭。	玉兴 七十一堂侄。乾隆五十九年袭。	吉昌 玉兴子。嘉庆十一年袭。	松群 吉昌孙。										

晋封二等伯。十六年三月，缘事降为一等精奇尼哈番。今汉文改为一等子。卒。谥勇

	壮。																		
一等子	左梦庚 正黄旗汉军。顺治五年八月，以率属投诚，授一等精奇尼哈番。	左元荫 左梦庚兄之孙。顺治十一年三月袭。	左世永 左元荫子。康熙四十二年八月袭。	左宏锐 左世永子。雍正五年闰三月袭。	左渊 左宏锐子。乾隆二十一年十二月袭。	左涛 左渊弟。乾隆五十三年袭。	左廷桐 左涛子。	左炘 左廷桐子。道光十七年袭。任广东参将，在广西打仗阵亡，加给云骑尉世	惠成 左炘子。	讷勤贺 惠成子。									

一等子		
董学礼	正黄旗汉军。顺治五年八月，以投	今汉文改为一等子。卒。谥壮敏。
董永蕃	董学礼子。康熙十九年六月袭。	
董斯教	董永蕃子。雍正九年十二月袭。	
董官	董斯教子。乾隆二十八年十二月袭。	
董瑞梧	董官子。	
治善	董瑞梧子。	
继光	治善子。光绪二年袭。	
福顺	继光子。	职。
存淮	福顺子。	

	一等子
诚兼立军功，授一等精奇尼哈番。今汉文改为一等子。	唐通 镶蓝旗汉军。顺治
	唐翰辅 唐通子。康熙
	唐之汾 唐翰辅子。康熙

一等子	
马尔赛二等	五年八月，以率众投诚，授一等精奇尼哈番。今汉文改为一等子。
	三年二月袭。
	十一年袭。五十一年，特旨停袭。

男谭拜子。顺治七年三月袭。九年正月，恩诏加至一等阿思哈尼哈番，又一拖沙喇哈番。十七年七月，军功加至一等精奇尼哈番。今汉文改为一等子。康熙八年二月卒。

	谥忠敏。未几，追革爵谥。																		
一等子	和善 正黄旗蒙古。康熙十年，兼袭叔祖亥色、叔父阿桑	色特理 和善子。康熙三十四年十二月，袭一等子。	膺寿 色特理子。雍正三年六月，降袭一等阿思哈尼哈番。	班第 诺木奇塔布囊叔父之三世孙。雍正八年六月袭。	忒古思 班第子。乾隆二十八年袭。	明保 忒古思子。乾隆四十年袭。	贵亮 嘉庆元年袭。	保庆 嘉庆十一年袭。	奎祥 道光九年袭。	玉麟 光绪十四年袭。	升林 光绪三十一年袭。								

	爵,晋一等子。	今汉文改为一等男。																	
一等子	多尔机 班惕思希布子。康熙十二年五月,袭三等子。三十	汪查迩 多尔机孙。雍正十一年十二月袭。	武巴希 汪查迩叔。乾隆十二年袭。	奇旺 武巴希弟。乾隆十九年袭。	忒古思 奇旺子。乾隆二十九年十二月袭。以病罢爵。	巴图章驾 忒古思弟。乾隆三十二年十二月袭。	巴尔党拉蒲齐 巴图章驾子。乾隆五十四年袭。												

九年七月，军功加为二等精奇尼哈番。雍正三年四月，又以军功加为一等今汉文改

	王承勋 永子。乾隆三十年袭。四十七年，晋袭一等子。
	王永 世廉子。乾隆四年袭。
	王世廉 珏子。康熙六十年袭。
	王珏 用予子。康熙三十五年袭。
	王用予 进宝子。康熙二十六年，袭二等子。
为一等子。	王进宝 甘肃靖远人。康熙十九年，以平川、陕等省功，晋三等精奇尼
	一等子

	成全 多隆武子。光绪二十年袭。
	多隆武 双喜子。咸丰七年袭。
	双喜
	音德布
	隆保 根敦从子。乾隆十六年十月袭。
哈番。寻晋二等。乾隆四十七年，追封一等子。	根敦 赠一等伯拉尔敦子。乾隆十五
	一等子

	年十一月，以其父尽节，封一等子。	三十年三月革。因无应袭之人，停袭。																	
一等子	明仁 赠一等伯傅清子。乾隆十五年十一月	宝纶 明仁子。乾隆四十年十二月袭。	联昌 宝纶嗣子。道光十七年袭。	振格 光绪十一年袭。	重鑫 光绪三十三年袭。														

	袭。																		
一等子	丰升额镶黄旗满洲。本封一等果毅继勇公，已见《公爵》。乾隆四十一年	布彦达赉丰升额弟。乾隆四十一年正月袭。余见《外戚表》。	熙敏布彦达赉子。嘉庆六年袭。道光元年，改袭三等公。见《外戚表》。	兆那苏图熙敏弟。道光十五年十二月袭。咸丰二年八月，卒。	宝寿兆那苏图子。咸丰三年袭。	宝联光绪三年袭。	铁栋宣统三年袭。												

正月，别给一等子，以其弟袭封。	王得禄福建嘉义人。嘉庆十四年，官福建
	一等子

水师提督，论平蔡牵功，封二等子。道光二十一年，以台湾海防功，晋一等子，加太子太保。二十二年，卒。赠伯爵、太子太师。

徐广缙 河南鹿邑进士。官两广总督。

一等子

一等子	
瑞昌镶黄	道光二十九年，以粤人阻英人入城封。咸丰二年，以剿粤匪贻误，革。
绶光瑞昌	
和霖光绪	
博霖和霖	

旗满洲。官杭州将军。咸丰十年，以复杭州省城功，予一等轻车都尉。同治元年阵亡，

子。同治六年袭。

七年袭。

族弟。光绪二十四年袭。

	加骑都尉，并为一等子。																		
一等子	李臣典 湖南邵阳人。同治三年六月，克金陵功，封一	李长禄 臣典嗣子。光绪十年袭。																	

	鲍祖龄超长子。光绪十四年袭。二十七年,革。
等子。七月卒。谥忠壮。	鲍超四川奉节人。同治三年,由提督以平粤匪功
	一等子

	博本索诺穆子。袭父职。以罪革。
封。光绪十四年，卒。谥忠壮。	索诺穆正蓝旗满洲。国初以率户口来归，
	二等子

	授二等总兵官。今汉文改为二等子。卒。谥顺良。																		
二等子	根笃札布 三等伯穆哈连	达克萨哈 根笃札布兄。	英谦 达克萨哈侄孙。乾隆十五	鄂硕和 英谦子。乾隆四十	成林 鄂硕和子。嘉庆二十年袭。	松凌 成林嗣子。道光二十五年	承厚 松凌叔高祖六世孙。	彝箴 承厚子。光绪三十二年											

	孙。康熙五十七年五月，降袭二等精奇尼哈番。今汉文改为二等子。以罪革。	雍正八年六月袭。坐事革。	年七月袭。	七年袭。		袭。一作成麟。		袭。
二	佟	普						

等子	养性 正蓝旗汉军。国初以投诚授三等副将。克达东后，加至二等总兵官。今汉	汉 佟养性子。天聪八年五月袭。																	

	文改为二等子。卒。谥勤惠。							
二等子	七复 三等伯福海子。康熙四十年五月，仍袭二等精	佟熔 佟养性之三世孙。原袭云骑尉。雍正七年	八十六 佟养性之四世孙。雍正十二年正月，销	德昌 八十六子。乾隆乾隆四十二年十二月袭。	和顺 武 德昌子。乾隆四十三年十二月袭。	玉庆 和顺武子。道光十年袭。	联勋 玉庆子。道光十三年袭。	峻功 联勋子。光绪十一年袭。

去佟熔云骑尉，仍袭二等子。	
五月，并袭二等子。坐事革。	
奇尼哈番。今汉文改为二等子。坐事革。	哈山镶蓝旗满洲。初以来归授备御。
	二等子

天聪八年，以军功加至三等梅勒章京。顺治二年，加至一等。九年正月，恩诏加至二等

精奇尼哈番。今汉文改为二等子。卒。谥敏壮。	王世选 正红旗汉军。天聪
	二等子

八年五月，以归顺授三等昂邦章京。顺治七年三月，恩诏加为二等。今汉文改为二等子。

二等子	
达运	正黄旗蒙古。崇德元年五月，以自察哈尔来归，授一等梅勒章京。顺治九年
俄奇尔	达运子。康熙十年九月袭。
巴达尔呼	俄奇尔子。康熙四十年十二月，降袭一等阿思哈尼哈番。今汉文改
色楞	巴达尔呼弟。康熙四十九年六月袭。
僧格多尔济	色楞子。乾隆二十六年十二月袭。
宁德	僧格多尔济子。乾隆四十九年十二月袭。
保庆	道光九年袭。
沐恩	保庆子。咸丰二年袭。
沐琎	咸丰八年袭。
荣煜	光绪二十七年袭。

二等	
沙理	正月，恩诏加至二等精奇尼哈番。缘事革。寻复原职。今汉文改为二等子。
达尔	
巴特	为一等男。
白王	
唐努	
常亮	
齐巴	
伍勤	
莫德	
希朗	
恩佑	
福荫	

子	代三等男沙济弟。原袭兄吴班和硕齐之三等甲喇章京，加为二等。顺治十五年五	查沙理代叔之孙。康熙九年袭。	思呼朗达尔查子。雍正三年袭。	巴特思呼朗侄。乾隆元年袭。	白玉子。乾隆三十八年袭。	唐努弟。乾隆四十七年袭。	克那木札尔常亮嗣子。乾隆五十六年袭。	登齐巴克那木札尔叔。嘉庆八年袭。	哩伍勒登子。道光七年袭。	阿道光十五年袭。	希朗阿子咸丰四年袭。	光绪三十一年袭。							

	月，袭兄沙济之三等阿思哈尼哈番，并为二等子。																		
二等子	巴寨卓尔齐泰正黄	巴岱巴寨卓尔齐泰子。顺治	色楞巴岱弟。顺治五年七月	阿玉锡色楞子。顺治十八	吴巴希阿玉锡子。康熙五十	吴巴第吴巴希弟。雍正三年	班珠尔吴巴希子。乾隆乾隆	巴图扎布班珠尔弟。乾隆	罗布桑依喜巴图扎布										

	旗蒙古。崇德元年五月，以率户口来归，授三等昂邦章京。顺治二年七月，军功加为	二年七月袭。	袭。	年五月袭。	一年二月袭。以罪革。	六月袭。	五年六月袭。	十九年十二月袭。	子。乾隆四十二年十二月袭。										

	二等子
二等。今汉文改为二等子。	叟格都兰镶红旗蒙古。崇德元年五月，以自察哈
	三津叟格都兰子。顺治三年五月袭。恩诏准世袭罔
	浑进三津弟。顺治十四年十月袭。
	阿里浑浑进子。康熙十八年四月袭。寻追叙伊父军
	根笃札布阿里浑子。康熙五十六年四月袭。
	达勒玛大都根笃札布子。乾隆八年袭。
	班札布达勒玛大都叔。乾隆十六年袭。十七年，以军功
	丹达尔布玛班札布侄孙。初袭云骑尉，并为一
	董鲁丹达尔布玛子。嘉庆六年袭。
	多尔济
	巴彦德拉格尔多尔济孙。光绪二十三年袭。

等子兼一云骑尉。乾隆三十年十二月袭。

加一云骑尉,加为一等子。

功,加为一等精奇尼哈番。今汉文改为一等子。

替。

尔率众来归,授三等昂邦章京。顺治三年五月,以军功加为二等。今汉文改为二等子。

二等子	
觉罗色勒	镶黄旗满洲。崇德二年，以军功授牛录章京。顺治四年，以系
觉罗额尔德	觉罗色勒子。顺治二年，以军功授牛录章京，恩诏加至
觉罗喇祜塔	觉罗额尔德子。康熙十年，袭。二十三年，十一月，卒。
觉罗噶尔汉	觉罗喇祜塔弟。康熙二十四年七月袭。三十四年十二

月;以罪爵除。

二等阿达哈哈番。缘事降为拜他喇布勒哈番。后袭父职,并为一等精奇尼哈番,又

武功郡王之孙,加至一等梅勒章京。恩诏加至二等精奇尼哈番。今汉文改为二等子。

一拖沙喇哈番。康熙八年，缘事革去本身所得，止袭二等精奇尼哈番。今汉文改为二

十四年六月，卒。谥勤慤。

		等子。十年九月卒。																	
二等子	尼堪 镶白旗满洲。崇德五年，以办事勤慎，授三等甲喇章京。																		

定鼎燕京，加为二等。积军功加至三等梅勒章京。恩诏加至三等精奇尼哈番。顺治

	十年五月，以效力年久，加为二等。卒后，以其职令四人分袭。今汉文改为二等子。																		
二	鄂	鄂	鄂																

等子	罗塞臣 正蓝旗满洲。崇德七年，以军功授二等甲喇章京，恩诏加为一等。特恩	浑 鄂罗塞臣子。康熙四年四月袭。	善 鄂浑子。康熙二十七年七月袭。五十二年五月革。后降袭。

加至三等阿思哈尼哈番，恩诏加至二等精奇尼哈番。今汉文改为二等子。康熙三年

						九月，卒。谥果敏。	
荣奎 林亲赞布孙。道光十年袭。	林亲赞布 索诺木策楞弟。嘉庆二年袭。	索诺木策楞 塞布特子。乾隆三十二年，降袭三等男。	塞布特 外库子。康熙三十八年闰七月袭。	外库 德尔格尔弟。康熙三十一年五月袭。	德尔格尔 齐锡子。康熙十五年十月袭。	齐锡 杜尔麻占巴图鲁孙。康熙三年五月袭。	杜尔麻占巴图鲁 镶黄旗蒙古。崇德七年，以军	二等子

功授三等甲喇章京。顺治二年，以系太宗亲臣，加至三等梅勒章京。恩诏加至二等精奇

	元论阿拉普坦子。光绪十四年袭。
	阿拉布坦塔奇塔特彻尔贝
	巴朗三音阿木果朗子。同治四年
	三音阿木果朗阿木尔布
	阿木尔布彦
	索诺木奇塔特奇塔特彻
呢哈番。今汉文改为二等子。卒。谥忠直。	奇塔特彻尔贝初为察哈
	二等子

	二等子
尔宰桑。太宗征察哈尔，来归。崇德六年，积军功晋二等子。	索纳马蒙古乌鲁
尔贝子。康熙三年袭。	勃绷索纳马子。
	戛尔马勃绷弟。
	穆贺林戛尔马兄
彦子。咸丰元年袭。	贺达色戛尔马
袭。	根都札布穆贺
六世孙。光绪四年袭。	达克萨哈根都
	英谦根都扎布兄孙。
	倭所霍英谦子。
	成敏倭所霍子。
	松龄成敏继子。
	承厚成敏始祖六世

	特贝勒。来归，封二等子。		顺治二年，升一等子。顺治□年，升三等伯。	子。	孙。	林孙。销恩诏所加，仍袭二等子。	札布兄。					孙。		光绪十八年袭。					
二等子	刘良佐 镶黄旗汉军。顺治五年	刘泽涵 刘良佐子。康熙五年六月	刘俊杰 刘泽涵子。康熙十八年八	常柱 刘良佐孙。雍正五年五月袭。															

二等	硕色	蒙古	苏咯	明全	德克	明亮	花沙	伍当	雅尔	巴宁	英安	伊绵	耆绅	托云	世魁
	八月，以率官弁十万投诚，破贼有功，授二等精奇尼哈番。今汉文改为二等子。	袭。	月袭。坐事革。	十二年，以罪革，停袭。											

保 耆绅子。同治三年袭。

伊绵阿子。同治元年袭。

阿

阿 雅尔江阿子。乾隆五十一年袭。

江阿 伍当阿弟。乾隆二十九年十二月袭。

阿 花沙布子。乾隆十九年四月袭。

布 明亮侄。乾隆二年十二月袭。

德克旌格叔父之子。乾隆元年十二月，降袭三等男。

旌格 明全伯父之子。雍正八年，降袭二等男。

苏喀子。康熙四十二年袭。雍正八年六月，以罪革。

蒙古兄。康熙四十一年闰六月，降袭二等阿思哈尼哈番。今汉文改为二等男。

硕色纳子。康熙八年十二月袭。四十一年闰六月，以罪革。

纳 镶红旗满洲。顺治五年，袭叔父和托之三等阿达哈哈番。恩诏加至一等，又一

子

拖沙喇哈番。十二年，并海子之澜二等阿达哈哈番，袭为二等精奇尼哈番。康熙四年

	八月，以军功加为二等。今汉文改为二等子。																		
二等子	苏克萨哈 正白旗满洲。顺治	苏常寿 苏克萨哈子。康熙八年	苏永祖 苏常寿兄。康熙十一年袭。	众神保 苏永祖兄之子。康熙五十	阿林 苏永祖子。雍正七年袭。														

一年，袭三等阿思哈尼哈番。五十九年，因不及解退，复以苏永祖袭。

五十一年，缘事销去恩诏所得，降三等阿思哈尼哈番，以其兄之子袭。五十九年，奉旨

袭。

七年，以本身之三等阿达哈哈番，袭伊父苏纳之三等阿达哈哈番，并为三等阿思哈尼

复袭。今汉文改为三等男。

哈番。恩诏加至一等，又一拖沙喇哈番。军功加至二等精奇尼哈番。今汉文改为二

	鲁普桑则文 蒙克鄂齐尔子。
	蒙克鄂齐尔 班咱咣子。
	班咱达喇 齐墨特永孙。
	齐墨特永咣 布彦德勒格尔
	布彦德勒格 尔策博克扎
	策博克扎布 敏珠尔子。
	敏珠尔 齐当子。
	齐当 巴哩玛特弟。
	巴哩玛特 索诺木什喇布子。
	索诺木什喇布 诺尔希
	诺尔布 古木台什子。军功赏给
等子。康熙六年七月，为鳌拜所杀。谥忠勇。	古木台什 镶白旗蒙古。国初
	二等子

	率众来归，赏给三等子。军功晋给二等子，世袭罔替。	一等子。	子。					布子。嘉庆二十二年袭。	堂弟。道光十一年袭。			光绪二十二年袭。							
二等子	马济胜官福建陆路提																		

督。道光十三年,论剿平台匪功,封二等男。是年十二月,晋二等子。十六年,卒。

	二等子
谥昭武。	刘松山　湖南湘乡人。官广东陆路提督。同治七年，论平西捻功，子
	刘鼒　松山子。光绪年袭。官山西按察使。
	刘国安　鼒子。光绪年袭。

一等轻车都尉。九年，攻甘肃金积堡之马五寨，中炮卒。十年，金积堡平，追加子一等轻

	车都尉，并为二等子。																		
三等子	何和礼 正红旗满洲。天命年间，率所部来归。积军功授																		

李永芳正蓝	三等总兵官。今汉文改为三等子。天命九年八月，卒。追谥温顺。
三等子	

旗汉军。天命年间归顺，恩赐三等副将。克辽东后，加至三等总兵官。今汉文改为三

等子。	吴巴海 正黄旗满洲。国初积军功授三等昂邦章京。崇德四年九月，卒。
	三等子

三等子	以其职令三人分袭。今汉文改为三等子。崇德四年，降一等轻车都尉。
古鲁格	
吴巴什	
阿玉锡	
多尔济	
丹金多尔	
札什泰	
富勒赫	
富保富勒	
罗布藏	
沙金达	
诺们达	
托克托	
福隆额	
安绥福隆	

	正白旗蒙古。崇德三年六月来归，授一等梅勒章京。顺治二年八月，以军功加至三	代古鲁格子。康熙六年二月袭。	吴巴什代子。康熙二十四年二月袭。	阿王锡子。康熙三十六年十月袭。以罪革。	济叔祖之孙。康熙五十九年七月袭。	丹金子。乾隆二年九月袭。二十四年十一月，兼袭三等男。	札什泰子。乾隆六年五年十二月袭。	赫弟。乾隆三十三十二月袭。	多尔济富保承继子。乾隆五十四年袭。	赉罗布藏多尔济子。嘉庆二十五年袭。	赉沙金达赉弟。道光七年袭。	布诺们达赉子。同治四年袭。	托克托布子。光绪十四年袭。	额子。宣统二年袭。					

等昂邦章京。四年，缘事降一等梅勒章京。特恩复授三等精奇尼哈番。今汉文改

	为三等子。																		
三等子	觉善 正红旗满洲。国初任备御。积军功加至一等甲喇章京,兼半个	噶尔图 觉善子。康熙四年正月袭。	沙尔图 噶尔图子。康熙四年八月袭。	三泰 沙尔图子。康熙二十三年三月袭。	关保 三泰伯父之孙。雍正五年三月,降袭三等阿思哈尼哈番。今汉文改	法保 关保子。乾隆七年十二月袭。	五十一 法保子。乾隆八年十二月袭。	富忠 五十一子。乾隆三十九年十二月袭。	法福礼 富忠子。道光九年袭。	文英 法福礼子。同治元年袭。	乐斌 文英继子。光绪四年袭。								

为三等男。

前程。顺治七年三月，恩诏加为三等阿思哈尼哈番。军功加为二等。缘事降一等阿达哈哈

哈番，又一拖沙喇哈番。事白，复还原职。九年正月，恩诏加至三等精奇尼哈番。今汉

	文改为三等子。康熙三年，卒。谥敏勇。																		
三等子	祖可法 正黄旗汉军。崇德七年，以投	祖永烈 祖可法子。顺治八年正月袭。	祖永煦 祖永烈弟。康熙二十年九月袭。																

诚授一等副将。军功加半个前程。顺治七年三月，恩诏加为三等精奇尼哈番。今汉

九年正月，晋至一等子。

雍正十一年，降骑都尉。

文改为三等子。谥顺信。	劳萨　镶红旗满洲。天聪八年五月，积军功授三等梅勒
	三等子

章京。崇德四年七月，以军加为二等。缘事降一等甲喇章京。六年，以军功复职。七年

	八月，锦州降亡，赠三等昂邦章京。今汉文改为三等子。谥忠毅。																		
三等子	孙有光 三等	孙承祖 孙有	孙兰 孙承祖子。	孙惟善 孙兰	保德 孙惟善子。	色克精额	阿尔绷阿	成祥 阿尔绷阿	那丹珠 成祥	思生 那丹珠子。									

	男孙得功子。顺治九年，积军功晋三等子。	光子。顺治九年正月，袭三等子。	康熙二十五年十月，袭三等子。	子。康熙五十年五月，降袭一等阿思哈尼哈番。今汉文改为一等男。	康熙六十年八月袭。	保德子。乾隆三十五年十二月袭。	色克精额子。	子。道光二十七年袭。	子。同治五年袭。	光绪三十三年袭。									
三等子	图鲁什																		

镶黄旗满洲。原系备御。以军功加至二等参将。缘事仍降为备御。天聪八年五月，军功加至三等梅勒章京。十一月阵亡，赠三等昂邦章京。今汉文改为三等子。谥忠宣。

三等子	
多尔济	正黄旗满洲。天聪八年，以率众来归，授牛录章京。军功加至一等梅勒
绰尔济	多尔济弟之子。顺治五年十月袭。七年，恩诏加至一等精奇尼哈番，又
保住	绰尔济弟之子。康熙十九年八月袭。
保寿	保住子。康熙五十五年五月，降袭三等精奇尼哈番。今汉文改为三等子。
佛佑	保寿弟。康熙五十七年六月袭。
白清额	佛佑子。乾隆九年十二月袭。三十四年，晋袭恭诚侯。
祥泰	白清额侄。乾隆五十四年袭三等子。
福珠礼	祥泰子。乾隆五十六年袭。
博昌	福珠礼子。道光十八年袭。
启英	博昌侄。光绪十三年袭。
麟兴	启英子。宣统元年袭。

章京。顺治二年，特恩加至三等昂邦章京。今汉文改为三等子。

一拖沙喇哈番。缘事销去九年恩诏所得，以弟纳穆生格袭三等精奇尼哈番。寻以前议

以疾爵除。

三等子		
霸拜	镶白	
阿郁实		过重，仍以绰尔济袭二等精奇尼哈番。今汉文改为二等子。坐事革。
赖善	阿郁	
安保	赖善	
永福	安保	
刚奎	永福	
祥寿	刚奎	
德恩	祥寿	
常志	德恩	
培钰	光绪	

旗满洲。天聪八年，以率众来归，授三等昂邦章京。今汉文改为三等子。卒。谥信顺。	霸拜子。天聪八年五月袭。顺治七年，恩诏加为二等精奇尼哈番。今汉文改为二	实子。顺治七年八月袭。	子。康熙五十五年十二月，降袭三等精奇尼哈番。今汉文改为三等子。	子。乾隆四年十二月袭。	子。乾隆三十六年十二月袭。	子。嘉庆十六年袭。	子。	子。光绪二年袭。	二十七年袭。									

		等子。																	
三等子	马喇希 镶红旗满洲。天聪八年，袭兄噶禄二等甲喇章京。积军功加至三	马迹汉 马喇希子。顺治十二年三月袭。	福迹苏 马迹汉子。康熙十六年八月袭。	傅来 福迹苏子。康熙六十年十二月，降袭三等阿思哈尼哈番。今汉文改为三	书通阿 傅来子。雍正八年六月袭。	舒敏 书通阿子。乾隆十年六月袭。	巴绷阿 舒敏子。乾隆五十年十二月袭。	兴保	喜合	喜智 喜合弟。道光三十年袭。同治五年革。	喜林 喜智弟。同治五年袭。	联英 喜林继子。光绪元年袭。							

等男。

等梅勒章京。顺治七年，恩诏加为二等。缘事降一等阿达哈哈番，又一拖沙喇哈番。

	事白，复职。又遇九年恩诏，加至三等精奇尼哈番。今汉文改为三等子。																		
三等子	傅夸禅	穆成格	辛住 穆成	傅岱 辛住	富山 傅岱	福宁阿	福通阿	咸中 福通	咸章 咸中	达哈布	侍顺	文熙 侍顺							

	镶红旗满洲。天聪八年，袭父翁柯尼之一等甲喇章京。顺治九年，恩诏加至一等	傅夸禅子。康熙八年六月袭。	格弟。康熙二十二年闰六月袭。以病解爵。	子。康熙四十一年闰六月，降袭二等阿思哈尼哈番。今汉文改为二等男。	子。乾隆三年十二月袭。	富山子。乾隆二十三年十二月袭。以罪革。	福宁阿弟。乾隆二十七年十二月袭。	阿子。乾隆四十五年十二月袭。	弟。乾隆五十四年袭。			孙。同治八年袭。							

																		阿思哈尼哈番。康熙四年二月，以军功加至三等精奇尼哈番。今汉文改为三等子。	
						汇	奎	庆	成	安	张	张	张	张	张	张	张	张	三

等子	大獃 镶黄旗汉军。天聪八年，以出首诱叛之人，授三等甲喇章京。顺治三年五月，	应庚 张大獃子。顺治九年七月袭。	华国 张应庚弟之孙。康熙十七年六月袭。	正兴 张华国子。康熙三十八年正月袭。	正文 张正兴弟。康熙四十七年四月，降袭三等阿思哈尼哈番。今汉文改为三等男。	昆 张正文子。乾隆十四年十二月袭。坐事革。	峻 张昆从兄。乾隆十九年十二月二月袭。	玉龙 张峻子。三十六年十二月袭。	得 张玉龙子。	龄 安得子。	善 成龄子。咸丰八年袭。	光 庆善子。同治二年袭。	泉 奎光子。光绪三十四年袭。					

积军功加至三等梅勒章京。九年正月，恩诏加至三等精奇尼哈番。今汉文改为三

	三等子	
等子。	霸奇兰	镶红旗满洲。天聪九年，积军功授一等梅勒章京。以伤发身故。
	拜山	霸奇兰子。天聪十年二月袭。顺治九年，恩诏加至一等精奇尼哈番。
	瓦尔达	拜山子。康熙六年正月袭。
	众神保	瓦尔达子。康熙二十八年八月袭。
	保德	众神保子。康熙四十五年五月，降袭三等精奇尼哈番。今汉文改为三
	白夔	保德子。康熙五十三年十月袭。
	何尔敦	白夔叔祖。康熙五十五年五月袭。
	黑申	何尔敦族孙。雍正七年三月袭。坐事革。
	勒伸	黑申堂弟。雍正十三年十二月袭。
	齐克唐阿	勒伸之孙。乾隆二十八年十二月袭。
	双和	
	永恰布	双和子。道光二十五年袭。
	双瑞	永恰布子。同治二年袭。
	双顺	双瑞弟。光绪十四年袭。
	恩龄	光绪三十年袭。

	十年二月，赠三等昂邦章京。今汉文改为三等子。	今汉文改为一等子。			等子。														
三等子	刘之源 镶黄旗汉军。天聪	刘光 刘之源子。康熙二十年四	刘邦柱 刘光弟。康熙二十	尼雅哈 刘邦柱弟。康熙三十	刘凤起 尼雅哈兄之子。康熙	刘永年 刘凤起子。康熙四十	刘保住 刘凤起叔父之子。	章武 刘保住从侄。乾隆五年	玉保 章武子。乾隆十八年十	三福 玉保子。乾隆二十九年	长和 三福子。乾隆五十五年	德龄 长和子。道光四年袭。	承勋 德龄子。同治三年袭。	锐启 承勋子。光绪元年袭。	崇志 锐启子。光绪二十二年				

	十年，授三等甲喇章京。顺治九年正月，恩诏加至一等阿思哈尼哈番。军功晋三等精	月袭。	二年六月袭。	二年三月袭。	三十九年八月，降袭三等阿思哈尼哈番。今汉文改为三等男。	四年八月袭。坐事革。	康熙四十六年正月袭。以罪革。	七月袭。以老罢爵。	二月袭。	十二月袭。	袭。					袭。			

	奇尼哈番。后缘事革。事白，复职。今汉文改为三等子。																		
三等子	希福 正黄旗满洲。天聪十年，	奇塔特 希福子。顺治十年	费扬古 奇塔特子。康熙	希昌 费扬古子。康熙四十	来先 希昌弟。雍正三年六月	文玉 来先弟。乾隆三年十二	公安 文玉兄子。乾隆十三	嵩寿 公安叔曾祖之孙。乾隆	增保 嵩寿孙。乾隆二十年十	奎善 增保子。嘉庆十五年	荣昌 奎善继子。道光二十	文福 荣昌继子。光绪十八	清霖 文福子。光绪二十七年						

	积功授三等甲喇章京。课绩加为二等。顺治九年正月，恩诏加至三等阿思哈尼哈番。	正月袭。	十七年五月袭。	九年六月袭。	袭。坐事革。	月袭。	年十二月袭。	十九年十二月袭。	二月袭。	袭。	五年袭。	年袭。	袭。						

以功加至一等。四月，又以功加为三等精奇尼哈番。今汉文改为三等子。九年十一月卒。

	谥文简。																		
三等子	把赖都迩莽鼐 正黄旗蒙古。崇德元年，以来归授一等梅勒	哈岱 把赖都迩莽鼐子。崇德七年八月袭。顺治四年三月，以军功加																	

																		为二等昂邦章京，恩诏准世袭罔替。十一年九月，以军功加为一等。今汉文改为一等子。	章京。八年八月阵亡，加赠三等昂邦章京。今汉文改为三等子。

		卒。谥勤壮。																	
三等子	噶尔玛叶尔登正黄旗满洲。崇德元年，以来归授三等	宜纳穆噶尔玛叶尔登子。顺治八年袭。恩诏准世袭罔替。	班达尔沙宜纳穆子。康熙六年二月袭。	巴理弥班达尔沙弟之子。康熙三十年十二月袭。坐事革。	阿尔那巴理弥叔父子。雍正十一年八月袭。	百成阿尔那子。雍正十三年二月袭。	博永武百成子。乾隆四十六年十二月袭。	该哈苏博永武子。乾隆五十九年袭。	永恰布该哈苏子。道光十四年袭。	奎华永恰布继子。光绪十六年袭。									

	昂邦章京。今汉文改为三等子。																		
三等子	毕喇希 镶红旗蒙古。崇德元年六月，以率众来	多尔吉 毕喇希子。顺治三年十二月袭。九年正月，	毕礼格 多尔吉伯父之孙。顺治九年四月袭。	南第 毕礼格子。康熙二十二年八月袭。	吴尔图那思图 南第子。康熙四十八年	佛保 吴尔图那思图子。乾隆七年五月袭。	金刚保 佛保子。乾隆十六年十二月袭。	阿尔京阿 金刚保子。乾隆二十九年十二月袭。	瑞祥 阿尔京阿子。乾隆五十年十二月袭。	博玉 瑞祥叔高祖扎拉芬之子。嘉庆十五年袭。	苏太 博玉子。道光二十一年袭。	穆特布 苏太子。同治十一年袭。							

三等子	
色棱布笃马 镶蓝旗蒙	归，授三等昂邦章京。今汉文改为三子。
多尔济 色棱布笃马子。崇德	恩诏加为二等精奇尼哈番。今汉文改为二等子。
库色尔特 多尔济子。顺治	
回色 库色尔特子。康熙十八	
伊灵阿 回色子。康熙五十	三月，降袭三等精奇尼哈番。今汉文改为三等子。
西灵阿 伊灵阿弟。雍正三年	
河伦特 西灵阿子。雍正九年	

三等	
夏成	古。崇德元年五月，以率众来归，授三等昂邦章京。今汉文改为三等子。
夏璞	三年八月袭。顺治九年，恩诏加至一等精奇尼哈番。今汉文改为一等子。
夏襄	十一年九月袭。
夏晃	年三月袭。
夏锐	五年十二月，降袭三等精奇尼哈番。今汉文改为三等子。
夏永	五月袭。
武全	四月袭。乾隆十九年，因事革，停袭。
维璋	
常福	

子

德　正白旗汉军。顺治元年二月，以投诚授三等昂邦章京。今汉文改为三等子。

夏成德子。顺治四年六月袭。七年三月，恩诏加为二等精奇尼哈番。今汉文改为二

元　夏璞子。康熙三十年十一月袭。

夏襄元子。雍正九年六月，降袭三等精奇尼哈番。今汉文改为三等子。后因夏冕兄夏

夏冕之孙。乾隆二十六年十二月袭。

祥　夏锐子。

夏永祥子。道光十八年袭。后在甘肃降亡，议给云骑尉世职。

武全子。光绪元年袭。袭。

维璋继子。光绪二十五年

坤病故，所遗骑都尉，与夏晃本身原有三等子，并为一等子。	富宁 柯三子。康熙
	柯三 博通鄂子。康熙
等子。	博通鄂 朱玛喇子。
	朱玛喇 镶白旗满
	三等子

六十年十二月，降袭一等阿思哈尼哈番。今汉文改为一等男。乾隆十七年，改轻车都尉。
十五年五月，袭。
康熙元年三月，并本身之拜他喇布勒哈番，袭为一等精奇尼哈番。今汉文改为一等子。
洲。顺治二年，以军功授牛录章京。九年正月，恩诏加为三等阿达哈哈番。又以军功

加为二等。又加至三等阿思哈尼哈番。十三年闰五月，又以军功加至三等精奇尼哈

番。今汉文改为三等子。卒。谥襄敏。	李本深 甘肃西宁人。顺治二年，以明
	三等子

	提督率高杰所部兵降,封三等子。康熙十二年叛,革。																		
三等子	吴应熊 平西亲王吴三																		

	纳马札尔
桂子。顺治九年，以额驸封三等子。康熙十三年，以三桂反，诛。	缉尔济正白
	三等子

绰尔济子。康熙二十年十一月袭。后降袭。

旗蒙古。顺治五年，以来归授拜他喇布勒哈番。恩诏加至二等阿达哈哈番。康熙六年正月，袭叔父鄂齐礼之一等阿达哈哈番一又一拖沙喇哈番，并为三等精奇尼哈番。

三等子	曹恭诚 正白旗汉军。崇德元年六月，以投诚授二等阿思	曹熙麟 曹恭诚子。顺治十四年五月，袭。	曹秉桓 曹熙麟子。康熙五年七月袭。子降袭。
	今汉文改为三等子。		

	夸哈丹代
哈尼哈番。顺治九年，恩诏加至三等精奇尼哈番。今汉文改为三等子。	丹代一等
	三等子

男噶尔哈图弟。原系拜他喇布勒哈番。顺治十二年三月，袭兄职，并为三等精奇尼哈

子。顺治十五年袭。康熙元年，降袭。

	吕云翔 吕应学□。康熙十一年袭。
番。今汉文改为三等子。	吕应学 二等男吕国宝子。崇德七年正月袭。顺治
	三等子

十四年八月，军功加至三等精奇尼哈番。今汉文改为三等子。	班煬思希布
	三等子

一等男色棱子。崇德八年五月袭。顺治年,恩诏准世袭罔替。十四年九月,军功加为三

敬桑　正黄旗满洲。噶尔玛索诺木额驸子。	等精奇尼哈番。今汉文改为三等子。
三等子	

康熙三年，因系固伦端顺长公主所生，授三等精奇尼哈番。今汉文改为三等子。

王

三

辅臣	山西大同人。康熙十三年，官陕西提督。首吴三桂逆书，封三等子。十四年，以
等子	

	叛革。十五年降，复爵。二十年，卒。停袭。																		
三等子	陈世怡 陈福从子。康熙十五年，袭三等	陈世琳 陈福子。康熙二十一年袭。	陈益 陈世琳子。雍正八年袭。	陈大用 陈益子。乾隆二十八年袭。		陈述祖 道光年袭。													

三等子

子。明宝一等男又一云骑尉法色子。康熙三十年五月袭。雍正二年十二月,军

		功加为三等精奇尼哈番。今汉文改为三等子。
三等子	布纳海	一等男路什子。康熙二十

	扬
	额
	德
	伊
	哈
	哈
七年七月袭。三十六年七月，军功加为三等精奇尼哈番。今汉文改为三等子。	额
	三

等子	
森特	正白旗满洲。乾隆四十一年正月,以军功封一等男。四十六年六月,以军
金泰	额森特子。乾隆四十八年十二月,袭。
丰阿	哈金泰子。乾隆五十四年袭。
尔绷阿	额森特嗣继子。乾隆五十七年袭。
山	伊尔绷阿子。嘉庆元年袭。
勒精额	德山从子。嘉庆七年袭。
桑阿	额勒精额子。道光七年袭。

	功晋封三等子。																		
三等子	三泰 正白旗汉军，姓石。原西路参赞大臣。奉命前赴军营，遇贼	佛住 三泰子。乾隆二十四年四月袭。在四川阵亡，优给骑都尉	瑞龄 佛住子。嘉庆二年袭。	纯绶 瑞龄子。道光十二年袭。	吉和 纯绶子。	宜麟 吉和子。	阿霖 宜麟弟。光绪二十五年，销去佛住所得，仍袭三等子，加一恩												

	被害。乾隆二十四年四月，加恩追封三等子，世袭罔替，谥果勇。	加一云骑尉，并原袭三等子，为一等子加一云骑尉。					骑尉。												
三等子	那彦成 正白旗满	容安 那彦成子。嘉庆	容照 容安弟。道光	鄂素 容照孙。咸丰	鄂礼 鄂素伯祖之孙。														

同治二年袭。

二年袭。

十年十月袭。

二十一年袭。道光十年十月革。

洲。嘉庆十八年十二月，以击灭天理教匪功，封三等子。二十一年六月革。旋卒。谥文

	毅。																		
三等子	王文雄 贵州玉屏人。官陕西固原提督。嘉庆五年，阵亡西乡县法宝山。	王开云 文雄子。嘉庆五年袭。官山东盐运使。	王凤翥 文雄孙。道光二十年袭。																

子三等子，谥壮节。

清史稿卷一七二

表第一二

诸臣封爵世表五上

	初封	一次袭	二次袭	三次袭	四次袭	五次袭	六次袭	七次袭	八次袭	九次袭	十次袭	十一次袭	十二次袭	十三次袭	十四次袭	十五次袭	十六次袭	十七次袭	十八次袭
一等男	孙塔 镶蓝旗满洲。	马锡泰 孙塔子。	吴尔希 马锡泰子。	德彝 吴尔希子。康熙	达桑阿 德彝子。														

天聪八年，以办事有能，授牛录章京。顺治二年，军功加至三等甲喇章京。五年，考绩，加为	康熙五年正月袭。二十五年六月，积军功加至一等精奇尼哈番。今汉文改为一等子。	康熙三十年五月，袭一等子。	六十年八月，降袭一等阿思哈尼哈番。今汉文改为一等男。	乾隆五年十二月袭。坐事革。子扎勒杭阿降袭。

二等。顺治九年正月，恩诏加至三等阿思哈尼哈番。十五年三月，以监造勤慎，加为二等。

康熙三年十一月,以军功加至一等阿思哈尼哈番。今汉文改为一等男。四年十二月,卒。

一等男	
李思忠 正黄旗汉军。天聪八年，以军功授一等甲喇章京。九年，以增益	谥襄忠。
塞伯理 李思忠子。顺治十一年三月袭。	
李铵 塞伯理子。康熙十五年六月袭。	
李铸 李铵弟。康熙二十三年十一月袭。坐事革。	
李景唐 李思忠三世孙。雍正八年五月，降袭三等阿思哈尼哈番。今汉	
李景虞 李景唐弟。雍正十三年十二月袭。	
李周德 李景虞堂叔。乾隆十年九月袭。	
李九容 李周德子弟。乾隆十七年十二月袭。	
台朴 九容子。乾隆四十三年十二月袭。以病罢爵。	
那达纳 台朴从侄。乾隆。四十九年十二月袭。袭。	
承启 那达纳子。	
富达那 承启族叔。	
皂保 富达那子。	
穆通阿 皂保族叔	
恩启 穆通阿子。	
恒昌 恩启子。	
李志福 恒昌弟。	

文改为三等男。坐事革。
丁壮功，加至三等梅勒章京。顺治九年正月，恩诏加至一等阿思哈尼哈番。今汉文改

为一等男。	一等男，
	绰尔门 镶黄旗蒙古。崇德元年五月，以率户口来归，授一等梅勒章
	隆古 绰尔门子。顺治七年四月袭。恩诏准世袭罔替。十三年闰五月，以军
	阿喇纳 隆古子。康熙九年二月，袭三等子。
	毕礼克 阿喇纳弟。康熙十八年八月袭。以不及解退。
	布达 毕礼克兄。康熙三十七年六月袭。
	色勒 布达子。康熙三十九年四月袭。
	毕礼克 色勒叔父。康熙四十二年复袭。
	乌尔图那苏图 毕礼克子。康熙五十九年四月袭。
	德福 乌尔图那苏图孙。乾隆十二年二月袭。二十四年革。无袭。

	一等男
京。顺治四年,以军功加半个前程。今汉文改为一等男。	雅赖 正白旗满洲。崇德
功加为三等精奇尼哈番。今汉文改为三等子。	华色 雅赖子。康熙三年
	安图 华色子。康熙三十
	安扎 安图弟。康熙三十
	富清 安扎子。康熙四十
	阿尔金 富清叔父。康熙
	九格 阿尔金子。康熙五十
	普札保 九格子。乾隆
	普康 普札保子。乾隆四十
	丰胜阿 普康子。乾隆
	德保 丰胜阿子。
	德启 德保弟。
	麟寿 德启子。同治八年

八年，积军功授牛录章京。顺治七年，恩诏加为三等阿达哈哈番。八年二月，封二等阿思	七月袭。坐事革。	三年七月袭。坐事革。	九年十二月，降袭三等阿思哈尼哈番。今汉文改为三等男。	四年二月袭。	四十四年八月袭。	四年十二月袭。	三十四年月袭。	二年十二二月袭。	五十七年袭。			袭。						

	哈尼哈番。九年正月，恩诏加至一等。今汉文改为一等男。																		
一等男	葛尔沁 镶白旗蒙古。	鄂尔辉 葛尔沁子。康熙	马尔图 鄂尔辉孙。康熙	柏起 马尔图父。康熙四十	鄂尔德尼 柏起孙。														

康熙五十七年十二月袭。坐事革。后降袭。
二年七月，降袭二等阿思哈尼哈番。今汉文改为二等男。
二十五年五月袭。
九年五月袭。
崇德八年，袭叔父阿尔沙库墨勒根之一等甲喇章京。顺治九年正月，恩诏加至二等阿

路什镶黄旗满	一等男	思哈尼哈番。军功加至一等。今汉文改为一等男。卒。谥襄敏。

洲。顺治二年，以军功授二等甲喇章京。九京正月，恩诏加至三等阿思哈尼哈番。十七

		年七月，军功加为二等。阵亡，晋赠一等。今汉文改为一等男。	
李荣保 米思翰子。	米思翰 哈什屯子。	哈什屯 镶黄旗满	一等男

洲。顺治二年，以勤劳授牛录章京。四年，加至二等甲喇章京。寻加为一等。恩诏加一
康熙三年五月袭。十三年十二月，卒。谥敏果。乾隆十三年五月，赠一等承恩公”
康熙十四年四月袭。坐事革。乾隆二年十二月，赠一等承恩公，谥壮悫。

拖沙喇哈番。缘事降为拜他喇布勒哈番。特恩复赐原职。九年正月，恩诏加至一等

	金铎 金俊子。原名金洪振。
	金声振 金俊子。康熙六年
	金俊 金砺弟。顺治十八年袭。
阿思哈尼哈番。今汉文改为一等男。赠见外戚封爵。	金砺 镶红旗汉军。天聪八年
	一等男

	十一月,封二等梅勒章京。顺治九年正月,恩诏晋至一等阿思哈尼哈番。今汉文改为一		九月袭。	康熙二十三年十一月袭。子降袭。															

	等男。十八年。卒。
一等男	孙思克 正白旗汉军。康熙三十一年，以功授拜他喇布勒
	孙承运 孙思克子。康熙三十九年八月袭。
	孙承思 孙承运弟。康熙四十五年十月袭。
	吉福 孙承思子。雍正十一年十一月袭。
	孙惟中 吉福子。乾隆十五年十二月袭。
	庆麟 孙惟中子。乾隆四十八年十二月袭。
	庆长 孙思克之三世孙。
	彭寿 庆长子。
	锐龄 彭寿子。
	麟辉 锐龄子。光绪二十七年袭。

哈番。三十六年，军功加一拖沙喇哈番。三十九年，卒。特恩加赠一等阿思哈尼哈番。

	今汉文改为一等男。																		
一等男	黑东格 正黄旗满洲。太祖时，率五十五人来归，以功授一	尼马禅 黑东格弟。绿事革。																	

	等副将。今汉文改为一等男。																		
一等男	硕詹 正红旗满洲。初以勤慎授备御。积军功加	达色 硕詹孙。康熙三年，分袭二等阿达哈哈番。	法色 达色伯父之子。康熙二十二年十月，以本身之																

二等阿达哈哈番，袭达色联，并为一等阿思哈尼哈番。因达色阵亡，又加一拖沙喇哈番。

阵亡。今汉文改为二等轻车都尉。

至一等甲喇章京。顺治九年正月，恩诏加至一等阿思哈尼哈番。绿事降。十年正月，

一等男	
席特库镶蓝旗满洲。天聪	事旨，复授一等阿思哈尼哈番。今汉文改为一等男。
塞尔古德席特库子。康熙	
生格特塞尔古德子。康熙	今汉文改为一等男，又一云骑尉。
苏丹生格特子。康熙二十八年	
楚库苏丹子。康熙三十八年	

闰七月，袭。子降袭。
二月袭。
十四年闰五月袭。
五年六月袭。
八年，以办事有能，授牛录章京。顺治四年，积军功加至一等甲喇章京。九年正月，恩诏加

一等男	
慕克禪镶蓝旗满洲。国初以军	至一等阿思哈尼哈番。今汉文改为一等男。
艾音塔睦慕克禪子。天聪八年	

功授三等梅勒章京。阵亡，加赠为一等。今汉文改为一等男。忠勇。	五月袭。顺治九年正月，恩诏加至二等精奇尼哈番，至一等。军功今汉文改为一等子。

一等男	恩格图 正红旗蒙古。原系备御。天聪八年,以军功加至三等甲喇章京。课绩加	克什图 恩格图克之子。顺治七年三月袭。九年正月,恩诏加至三等精奇尼哈番。	鄂尔济图 恩格图子。顺治十八年五月,仍袭一等阿思哈尼哈番。今汉文改为	关保 鄂尔济图子。康熙三十一年正月袭。	伍十 关保子。康熙四十六年二月,降袭二等阿思哈尼哈番。今汉文改为二等男。	广福 仁十承继子。乾隆八年十二月袭。	庆亮 广福子。乾隆五十一年十二月袭。												

为二等。积军功加至二等阿思哈尼哈番。顺治七年十二月，恩诏加为一等。今汉

十八年，将原袭之一等阿思哈尼哈番袭于恩格图子鄂尔济图，止留本身所得之拜

一等男。

	文改为一等男。	他喇布勒哈番。今汉文改为骑都尉。																	
一等男	绰拜 镶白旗蒙古。天聪八年，以办事有能，授	齐墨格图 绰拜子。顺治十年正月袭。	常保 齐墨格图子。康熙三年十二月袭。	巴图 常保子。康熙二十二年十二月袭。乾隆															

十五年，销去恩诏所得，加一等轻车都尉兼一云骑尉，与伊子贡楚达袭。

牛录章京。顺治二年，积军功加至一等甲喇章京。九年正月，恩诏加至一等阿思哈尼哈

	番。今汉文改为一等男。		
一等男	张仲第 正黄旗汉军。天聪八年，袭父张世爵之三等	张应慧 张仲第子。康熙十六年四月袭。	张松龄 张应慧子。康熙二十二年九月袭。子张英降袭

一等轻车都尉。

甲喇章京。军功加至一等，恩诏加一拖沙喇哈番。顺治八年正月，军功加至三等阿思哈

满丕	
满色	
伊玛	
朱玛	尼哈番。九年正月，恩诏加至一等。今汉文改为一等男。康熙十五年，卒。
一等	

男	喇	喇	伊玛	满色
	正白旗满洲。天聪八年,以办事有能,授牛录章京。军功加至二等甲喇章京,课绩	朱玛喇弟。顺治十年三月袭。	喇子。康熙三十七年袭。军功加一拖沙喇哈番。今汉文改为一等男,又一云骑尉。	子。乾隆六年,销恩诏所加,袭三等男。二十一年,销满色军功所加,从子清德降

	加为一等。恩诏加至一等阿思哈尼哈番。今汉文改为一等男。			袭。															
一等男	集雅汉瞻 正黄	巴特玛 集雅汉瞻	阿穆护朗 巴特	多尔济 阿穆护朗	富林 多尔济子。康熙	崇勒浑 崇林	索诺木扎												

	一等男
旗蒙古。崇德元年五月，以来归授一等梅勒章京。今汉文改为一等男。	邓长春
子。顺治元年六月袭。	邓志琳
玛子。顺治九年五月袭。	邓其璋
子。康熙二十年十月袭。	
四十七年六月袭。	
子。乾隆十二年袭。	
史 富勒浑子。乾隆四十六年袭。	

镶黄旗汉军。崇德元年五月，同祖大寿投诚，授三等梅勒章京。军功加为二等。缘事	邓长春子。顺治十年八月袭。	邓志琳子。康熙二十七年六月袭。后降袭。																

降为一等甲喇章京。顺治九年正月，恩诏加至一等阿思哈尼哈番。今汉文改为一等男。

色棱镶红旗蒙古。崇德元年五月，自察哈尔率户口来归，授一等梅勒章京。今汉

一等男

	改汉文为一等男。																		
一等男	阿禄哈 镶黄旗满洲。原系科尔沁扎鲁特贝子。崇德五年，以来	尹济纳 阿禄哈孙。康熙二十年七月袭。后降袭。																	

归授三等甲喇章京。顺治二年，以定鼎燕京，加为二等。九年正月，恩诏加至一等阿思

一等男	
觉罗瓦尔马镶蓝旗满洲。	哈尼哈番。今汉文改为一等男。卒。谥勤信。
觉罗苏尔马觉罗瓦尔马子。	
觉罗郎汤觉罗苏尔马子。康熙	
觉罗马克苏觉罗郎汤叔祖。	
觉罗佛宁峨觉罗郎汤弟。	

康熙三十一年二月袭。乾隆元年十二月卒。子降袭。
康熙二十二年九月袭。三十年十二月，罢爵。
二十二年六月袭。坐事革。
顺治十七年七月袭康熙二十二年四月，坐事革。
顺治元年，袭父觉罗叶穆济之半个前程。四年，特恩加为牛录章京。七年，恩诏加一拖沙

喇哈番。寻并叔父之子觉罗马克图之二等阿达哈哈番，袭为三等阿思哈尼哈番。九年

	特穆尔　阿哈泰子。康熙十八年六月袭。
正月，恩诏加至一等。今汉文改为一等男。	阿哈泰　正白旗蒙古。顺治二年，以来
	一等男

后降袭。

归授牛录章京。恩诏加至二等阿达哈哈番。康熙四年，并伯父之子星南之二等阿达哈

	杜太　商世泰子。康熙二十七年
哈番，袭为一等阿思哈尼哈番。今汉文改为一等男。	商世泰　希尔根孙。康熙十八
	希尔根　正黄旗满洲。顺治
	一等男

十一月袭。子降袭。

年十月，袭。

三年四月，积军功授三等梅勒章京。缘事降三等阿达哈哈番，恩诏加为二等。事白，加为

一等。九年正月，恩诏加至二等阿思哈尼哈番。缘事降为三等，军功仍加为二等。事白，

加为一等。今汉文改为一等男。	白尔黑图 正白旗满洲。顺治三年，积军功授 一等男

牛录章京。恩诏加至一等阿达哈哈番。康熙三年二月，以军功加至一等阿思哈尼哈番。

	噶尔哈图 阿哈尼堪子。原系三等阿达
今汉文改为一等男。卒。谥忠勇。	阿哈尼堪 镶黄旗满洲。顺治四年，积军
	一等男

哈哈番。顺治九年四月袭。

功授一等甲喇章京。九年正月，恩诏加至一等阿思哈尼哈番。今汉文改为一等男。卒。

一等男	吴喇禅 镶红旗满洲。顺治四年，袭父洪尼牙喀之二等甲喇章京。恩诏加为
	胡喇禅 吴喇禅子。康熙六年十二月袭。
	朱麻喇 胡喇禅叔父。康熙二十二年十一月袭。
	朱承格 朱麻喇子。康熙四十三年，销恩诏所得，袭三等男。乾隆七年，又销吴喇

禅所得两云骑尉，降一等轻车都。

一等。军功加一拖沙喇哈番。九年正月，恩诏加至二等阿思哈尼哈番。十四年九月，军

一等男	
苏拜 正白旗满洲。顺治五年六月，积军功授	功加至一等。今汉文改为一等男。
昂安霸 苏拜子。康熙四年二月袭。	
和山 昂安霸子。康熙三十年十一月袭。	
徐常 和山兄。康熙四十三年十二月袭。	
阿尔泰 徐常子。康熙六十一年九月袭。	
马尔泰 阿尔泰子。雍正十二年二月袭。	
伊立布 马尔泰子。乾隆十六年十二年月袭。	
穆克德克 伊立布子。乾隆三十一年十二	
舒隆安 穆克德克子。	
延煦 舒隆安继子。	
恩铭 延煦子。	

月袭。

雍正十二年二月，坐事革。

三等精奇尼哈番，恩诏加为二等。十六年三月，缘事降一等阿思哈尼哈番。今汉文改

	为一等男。卒。谥勤僖。		
一等男	鄂莫格图 正蓝旗满洲。顺治五年，积军功授一等	超思奇 鄂莫格图子。康熙十二年九月袭。	瑚什吞 超思奇子。康熙三十四年九月袭。乾隆十四年，

销去恩诏所加，袭一等轻车都尉兼一云骑尉。瑚什吞瑚图礼降袭。

阿达哈哈番，又一拖沙喇哈番。九年正月，恩诏晋至一等阿思哈尼哈番。今汉文改为一

	等男。																		
一等男	刘忠 正黄旗汉军。顺治五年八月，以投诚及军功，授一等阿思哈尼哈番。	刘应宗 刘忠子。顺治十三年袭。	刘应正 刘应宗弟。顺治十五年八月袭。	刘应柱 刘应正弟。康熙三十三年正月袭。	刘琦 刘应柱子。康熙五十年五月袭。	刘德礼 刘琦子。康熙五十八年四月袭。	刘瑛 刘德礼叔父。康熙六十一年十一月袭。	刘沛德 刘瑛侄。乾隆三年十二月袭。											

	今汉文改为一等男。																		
一等男	张天福 正黄旗汉军。顺治五年八月，以投诚及军功，授一	张其烈 张天福子。康熙六年闰四月袭。子降袭。																	

等阿思哈尼哈番。今汉文改为一等男。

一等男

刘进忠 正红旗汉军。顺治五年八月，

刘泽龙 刘进忠子。顺治十六年九月袭。

刘震 刘泽龙伯父之孙。康熙十三年十

刘绍洪 刘震子。康熙三十四年袭。

一等男	
绰世禧 正白旗蒙古。顺治	以投诚授一等阿思哈尼哈番。今汉文改为一等男。
吴尔图 绰世禧子。康熙三十	二月袭。
	五十一年，卒。无嗣，停袭。

一年五月袭。子降袭。
六年，以来归授拜他喇布勒哈番。恩诏加至三等阿达哈哈番。十一年正月，袭兄色

一等男 觉罗岳	楞之一等阿达哈哈番，并为一等阿思哈尼哈番。今汉文改为一等男。

	德英
	哈丰
	李瑞
	李仁
	灵保
	李淑
	李淑
	李正
色卜镶黄旗满洲。特恩授一等阿思哈尼哈番。今汉文改为一等男。	李率
	一等

男	泰	宗	德	明	李淑	源	增	阿	额
	正蓝旗汉军。顺治九年十一月,封三等阿思哈尼哈番。十四年五月,以平广东功,加一	李率泰子。康熙五年,袭父李率泰之一等阿达哈哈番。六年四月,追叙伊父功,	李正宗子。康熙四十七年六月袭。坐事革。	李淑德弟。雍正元年七月袭。坐事革。	德之二世孙。乾隆四年十二月袭。	灵保子。乾隆二十七年十二月袭。	李仁源子。乾隆三十八年十二月袭。	李瑞增子。嘉庆五年袭。	哈丰阿子。道光十六年袭。

李	
李	等阿思哈尼哈番。今汉文改为一等男。
李	晋一等，即一等男。袭一等阿达哈哈番。坐事降。康熙五年正月卒。谥忠襄。
一	

等男	国英 辽东人。官四川总督。康熙七年,追叙巫山剿贼功,封一等男。	烂 国英子。	永升 烂子。																
一等	佛保	多奇	德保	永泰	富尔	佛尔	福光	明恒	锡珍										

男

一等子马尔赛叔父之孙。康熙八年十月，因马尔赛罪，降袭二等阿思哈尼哈番。军功

禅 二等男谭拜孙。康熙四十五年九月，降袭三等阿思哈尼哈番。今汉文改为三等男。

多奇 禅子。雍正十二年七月袭。

德保 子。乾隆三十三年十二月袭。

松阿 永泰弟。乾隆三十五年十二月袭。

卿额 富尔松阿子。乾隆三十六年十二月袭。

佛尔卿额子。

福光 子。

明恒 孙。光绪元年袭。

	加为一等。今汉文改为一等男。																		
一等男	奇山 二等伯穆尔泰子。雍正三年十二月,降袭一	喀宁阿 奇山子。乾隆二十三年袭。	查郎阿 喀宁阿子。乾隆五十五年袭。	景文 查郎阿子。嘉庆六年袭。	惠隆 景文子。道光三年袭。	普祥 惠隆子。道光三十年袭。	德垣	恩广 德垣子。光绪二十一年袭。											

	一等男
等阿思哈尼哈番。今汉文改为一等男。缘事革。	札拉丰阿 正黄旗满洲。
	春宁 扎拉丰阿子。乾隆三十
	福勤洪阿 春宁子。乾隆
	顺庆 福勤洪阿弟之子。道光
	苏勤芳阿 顺庆子。道光
	苏勤当阿 苏勤芳阿弟。
	永祥 苏勤当阿继子。光绪十八

世袭二等轻车都尉。乾隆二十七年闰五月，以军功加一云骑尉。三十三年，在云南阵亡。	六年六月袭。坐事革。	四十八年九月袭。	九年袭。	二十八年袭。	同治元年袭。	年袭。													

	麟钰 光绪二十八年袭。
	景成 博敬子。咸丰十一年袭。
	博敬 崇伦侄。道光四年袭。
	崇伦 奎林子。乾隆四十一年袭。
特旨赠一等男，世袭罔替，谥昭节。	奎林 镶黄旗满洲。本袭一等承恩公。乾隆
	一等男

	一等男	
四十一年，以军功别封一男爵，即以其子袭。	书麟	镶黄旗满洲。本汉军，姓高。
	吉郎阿	书麟子。嘉庆六年袭。
	常善	吉郎阿子。道光四年袭。
	久寿	咸丰十年袭。
	德禧	久寿继子。光绪二十一年袭。
	绥昌	宣统元年袭。

嘉庆六年四月，卒于军。追封一等男，世袭，谥文勤。

一等男

叶名琛

湖北汉阳道士。**道光**

二十九年，官广东巡抚。以粤民阻英人入城封。咸丰八年，以失守广东省城，为英人执去，

	一等男
革。	萧孚泗湖南湘乡人。同治三年，由记名提督论克金陵功，封一等男。光绪
	萧有名孚泗子。光绪十年袭。

	张荫清 国梁子。同治年袭。
十年，卒。谥壮肃。	张国梁 广东高要人。官福建漳州镇总兵。咸丰六年，以克复镇
	一等男

江，予骑都尉。八年，以收复扬州、溧水，晋三等轻车都尉。十年，阵亡丹阳，赠骑都尉。同治

一等男	
程学启安徽桐城人。官江西南赣镇	三年，又追予三等轻车都尉，并为一等男。
程集勋学启嗣子。同治年袭。	

总兵。同治二年，以复苏州省城功，予云骑尉。同治三年，以攻嘉兴，中炮卒。赠三等轻车都

	一等男
尉，并为一等男爵。	多隆阿蒙古正白旗世袭骑都尉。官福州副都统。咸丰十一
	双全多隆阿子。同治年袭。
	寿长多隆阿孙。

年，以复安徽桐城、舒城功，予云骑尉。累擢荆州将军。同治元年，以克复庐州府，予骑

都尉。寻授钦差大臣，督办陕西军务。同治三年，攻周至中枪，卒于军。赠太子太保，予一等

	刘朝印铭传长孙。光绪二十年袭。
轻车都尉，谥忠勇。寻并为一等男。	刘铭传安徽合肥文童。官直隶提督。同治六
	一等男

年，以平东捻等功，予三等轻车都尉。七年，以平西捻张总愚功，封一等男。光绪十一年，宣

	刘家璠 光绪
	刘道谦 锦棠
福建台湾巡抚。十五年，加少保。二十一年，卒。赠太子太保，谥壮肃。	刘锦棠 湖南
	一等男

湘乡监生。官甘肃西宁道。光绪二年，以克复乌鲁木齐功，予骑都尉。四年，以新疆平功，晋	子。光绪二十三年袭。	三十二年袭。																	

二等男。累擢甘肃新疆巡抚。十五年，加太子少保。十六年，晋太子太保。二十年正月，晋

	刘能纪　刘坤一嗣子。光绪三十二年袭。
一等男。是年七月，卒。谥襄勤。	刘坤一　湖南宁乡监生。官两江总督。光绪二十八
	一等男

	年，卒。追论庚子匪扶大局功，封一等男，谥忠诚。																		
一等男	荣禄 正白旗满洲。官大学士。	良揆 荣禄继子。光绪二十九年																	

	光绪二十九年三月，卒。追封一等男，世袭，谥文忠。	袭。																		
二等男	巴山镶黄旗满洲。天聪八年，	舒书巴山子。康熙十二年七																		

以勤慎授牛录章京。顺治二年，积军功加至三等甲喇章京。九年正月，加至三等阿思哈

月袭。二十五年七月，军功加为一等阿思哈尼哈番。今汉文改为一等男。降子袭。

二等男

喀恺

正黄旗满洲。

尼哈番。十一年二月，以军功加为二等。今汉文改为二等男。

天聪八年，以军功授牛录章京。寻加至一等甲喇章京。恩诏加至二等阿思哈尼哈番。

	康熙五年，卒。以其子常岱、阿库礼、舒淑三人分袭。今汉文改为二等男。																		
二等男	努山 正黄	陶代 努山	江㳽 陶代																

旗满洲。天聪八年，以办事勤慎，授三等甲喇章京。军功加至二等。顺治九年正月，恩诏	子。初以军功授牛录章京。顺治十六年二月，袭父职，并为一等阿思哈尼哈番又一	弟之子。康熙二十二年八月，袭二等阿思哈尼哈番。今汉文改为二等男。后降袭。

	加至二等阿思哈尼哈番。今汉文改为二等男。	拖沙喇哈番。缘事革去本身所得，将父职以其弟之子袭。																	
二等男	萨弼图 正白旗满	郭立 萨弼图子。康熙	阿哈纳 郭立子。	丰钟 阿哈纳弟。康熙															

洲。天聪八年，以办事有能，授牛录章京。军功加至一等甲喇章京。顺治年，恩诏加至二

元年袭。

康熙二十年十二月袭。

二十年十月袭。子降袭。

等阿思哈尼哈番。今汉文改为二等男。	谭拜　正白旗满洲。天聪八年，以办事有
	二等男

能，授牛录章京。军功加至三等甲喇章京。顺治元年，定鼎燕京，加为二等。课绩加为一等。

五年六月，军功加至三等阿思哈尼哈番。七年三月，恩诏加为二等。今汉文改为二等男。

二等男	霸兰 正蓝旗满洲。天聪八年,袭父绰尔嘉尔之二等甲喇章京。课绩加为一等。	喇布介 霸兰子。顺治九年正月袭。康熙二十五年七月,以军功加至一等阿	刘祥 喇布介子。康熙三十三年闰五月袭。	永寿 刘祥子。雍正九年三月,降袭二等阿思哈尼哈番。今汉文改为二等男。乾隆															

三年，子郭新降袭。

思哈尼哈番。今汉文改为一等男。

军功加半个前程。顺治九年正月，恩诏加至二等阿思哈尼哈番。今汉文改为二等男。

二等男	甘笃 镶蓝旗蒙古。天聪八年，以军功授三等甲喇章京。课绩加为二等。军功加至	吴山布 甘笃子。顺治七年三月袭。	巴尔赛 吴山布叔父。顺治八年正月袭。九年正月，恩诏加至一等阿思哈尼	常保 巴尔赛孙。康熙三十五年袭。	万神保 常保子。康熙三十七年七月袭。故，无嗣，未袭。	讷尔朴 万神保女之子。雍正七年，特旨袭封。	宗嘉 讷尔朴子。乾隆六年袭。十三年，以异姓革。												

富尔都 崇阿之弟	哈番又一拖沙喇哈番。今汉文改为一等男又一云骑尉。
崇阿 荆古尔达弟。	
荆古尔达 正白	三等阿思哈尼哈番，恩诏加为二等。今汉文改为二等男。
二等男	

旗满洲。天聪九年，积军功授一等甲喇章京。顺治年，恩诏加至二等阿思哈尼哈番。今

顺治十三年二月袭。

子。顺治十三年十月袭。子降袭。

	二等男
汉文改为二等男。卒。谥忠直。	阿赖正黄旗蒙古。崇德元年，以军功授一等
	高良阿赖弟之孙。康熙二十二年十月袭。

二等														
吕国	甲喇章京。顺治九年正月，恩诏加至二等阿思哈尼哈番。今汉文改为二等男。	子降袭。												

男	宝 镶白旗汉军。崇德元年，以投诚授二等梅勒章京。今汉文改为二等男。																		
二等	衮出	垂班	济穆	色楞	鲁普	旺吉	敏珠	巴图	固伦				达克	巴雅					

男	克古英正红旗蒙古。崇德元年五月，以率户口来归，授一等梅勒章京。缘事	衮出克古英子。顺治八年三月袭。九年正月，恩诏准世袭罔替。	巴垂班孙。康熙十三年三月袭。	达什济穆巴子。康熙三十年四月袭。坐事革。	桑色楞达什弟。雍正十二年六月袭。	勒鲁普桑侄。雍正十三年十月袭。乾隆二十四年，阵亡。赠一等男。	旺吉勒子。乾隆二十四年十二月袭。	吉尔敏珠子。乾隆三十年十二月袭。	扎布巴图吉尔子。乾隆五十八年，袭二等男。				党朋素克	斯呼朗达克党朋素克子。光绪二十年袭。					

降一等甲喇章京。顺治三年四月，以军功加至三等梅勒章京。八年正月，阵亡。加赠

	为二等。今汉文改为二等男。																		
二等男	阿育习镶黄旗蒙古崇德二年,以率户口来归,授	达都阿育习子。康熙九年八月袭。	多尔济达都弟之子。康熙十九年九月袭。	色楞多尔济弟。康熙二十四年八月袭。子降袭。															

三等甲喇章京。军功加至一等。顺治九年正月，恩诏加至二等阿思哈尼哈番。今汉文改

	为二等男。																		
二等男	孙达礼 镶白旗满洲。崇德四年，以军功授一等甲喇章京。顺治年，恩	杭书 孙达礼子。康熙二十二年闰六月袭。子降袭。																	

诏加至二等阿思哈尼哈番。今汉文改为二等男。卒。谥果壮。																		
二等男 雍舜镶红旗满	根图雍舜子。	明格里根图	吴尔善明格	吴尔钦吴尔。	惠昌吴尔钦子。	广全惠昌侄。	富玉道光元年	瑞凌富玉子。	瑞徵光绪元年	达萨布光绪								

	洲。崇德五年，积军功授一等甲喇章京。顺治九年正月，恩诏加至二等阿思哈尼哈番。	原系拜他喇布勒哈番。顺治九年十一月，袭父职，并为一等阿思哈尼哈番。今汉文改	子。顺治十八年十一月袭。	里子。康熙十年十二月袭。	善子。康熙四十三年八月，降袭三等阿思哈尼哈番。今汉文改为三等男。	雍正七年三月袭。	乾隆三十四年十二月袭。	袭。	道光二十五年袭。	袭。	三十三年袭。								

	今汉文改为二等男。	为一等男。																	
二等男	金玉和 正黄旗汉军。崇德七年,以军功授牛录章京。寻加	金维廷 金玉和子。顺治二年二月袭。七年三月,恩诏加为一	金维垣 金维廷弟。顺治七年十月袭。	金世铎 金维垣子。康熙八年十二月等袭。	金璋 金世铎子。雍正十年五月,降袭二等阿思哈尼哈番。今汉	金履巽 金璋子。乾隆十四年十二月袭。	六十三 金履巽子。乾隆二十九年十二月袭。	长福 六十三从弟。乾隆五十一年十二月袭。	承禄 长福子。	明德 承禄子。	瑞麟 承禄继子,明德兄。道光七年袭。	金埙 瑞麟子。	德志 瑞麟继子。	德贵 德志弟。	文龄 德贵子。				

文改为二等男。坐事革。

等阿思哈尼哈番。今汉文改为一等男。

至三等甲喇章京。阵亡。顺治二年二月，加增二等梅勒章京。今汉文改为二等男。

吴霸

二

图 吴巴什叔父。顺治八年三月袭。九年正月，恩诏加至一等阿思哈尼哈番。今汉

巴什 镶蓝旗满洲。原系敖汉贝子。崇德七年九月，以来归授三等梅勒章京。顺治

等男

	二等男
七年三月，恩诏加为二等阿思哈尼哈番。今汉文改为二等男。	特锡镶红旗满洲。
文改为一等男。	特尔赫特锡子。
	额尔德特尔赫孙。

初以办事有能，授牛录章京。顺治二年，军功加至三等甲喇章京。课绩加为二等。恩诏

康熙十一年袭。

康熙二十一年八月袭。后降袭。

加至三等阿思哈尼哈番。十七年八月，以军功加为二等。今汉文改为二等男。卒。谥襄壮。

二等男	色尔格正白旗蒙古。初袭父阿拜代巴图鲁之三等甲喇章京。顺治二年，以定	锡札保色尔格孙。康熙二十年十二月袭。	索诺木锡札保侄。雍正十二年十二月袭。	瞻禄索诺木弟。乾隆三年十二月袭。	格鲁特瞻禄子。乾隆八年四月袭。	赛桑阿格鲁特子。乾隆二十七年十二月袭。	噶鲁弟赛桑阿叔。乾隆二十八年十二月袭。	苏隆阿噶鲁弟子。乾隆四十五年十二月袭。	德通苏隆阿子。道光十年袭。	连寿德通子。咸丰年袭。	连肇连寿叔子。	玉增连肇子。光绪二十九年袭。							

鼎燕京，加为二等。六年二月，因追敘伊父来归功，加至二等阿思哈尼哈番。恩诏加至

一等，又一拖沙喇哈番。十六年闰三月，缘事降三等阿思哈尼哈番。康熙三年，特恩

	徐永泰 徐大贵孙。康熙十九年二月袭。子降
复加为二等。今汉文改为二等男。	徐大贵 正白旗汉军。积军功授三等甲喇
	二等男

袭。

章京。恩诏加至一等阿达哈哈番，又一拖沙喇哈番。顺治十四年九月，以军功加至二等

	胡秉彝 秉岳弟。康熙二十三年七月袭。
	胡秉岳 宏先子。顺治十七年十月袭。以罪
阿思哈尼哈番。今汉文改为二等男。	胡宏先 正白旗汉军。初以投诚授三等甲
	二等男

喇章京。军功加为二等。顺治九年正月，恩诏加至三等阿思哈尼哈番。十七年七月，军	革。	子降袭。

	功加为二等。今汉文改为二等男。																		
二等男	兆布泰 镶黄旗满洲。顺治二年，积军功授	增寿 兆布泰子。康熙十七年袭。	西图 增寿子。康熙三十六年袭。后降袭。																

牛录章京兼半个前程。课绩加为三等甲喇章京，恩诏加为二等。又以军功加至二等

	阿思哈尼哈番。缘事革。特恩复还原职。今汉文改为二等男。																		
二等男	费扬古 镶黄旗满	色赫 费扬古子。康熙	色克图 色赫子。																

洲。顺治二年，以勤劳授牛录章京。恩诏加至二等阿达哈哈番。十一年，又以勤劳加至

九年袭。

康熙三十一年袭。后降袭。

二等阿思哈尼哈番。缘事降为拜他喇布勒哈番。事白，复还原职。今汉文改为二等男。

二等男	吴赖 镶黄旗满洲。顺治二年，积军功授二等甲喇章京。九年正月，恩诏加至二等	顾德 吴赖子。顺治十年十月袭。坐事革。	缉尔门 顾德弟。康熙十六年六月袭。降子袭。

阿思哈尼哈番。今汉文改为二等男。卒。谥康毅。	二等男 俄莫克图 班岱 俄莫克图孙。正黄旗满洲。顺治 康熙二十四年

二年，以勤劳授牛录章京。恩诏加至二等阿达哈哈番。十一年八月，特恩加至二等阿思	十月袭。军功加至一等阿思哈呢哈番。今汉文改为一等男。后其孙降袭。																		

二等男	
阿慕古	哈尼哈番。缘事降三等阿达哈哈番。事白，复还原职。今汉文改为二等男。
阿齐图	
龚额阿齐	
旲什巴	

	朗正红旗蒙古。顺治二年，袭父古鲁达苏尔海之一等甲喇章京，兼半个前程。顺治	阿慕古朗子。顺治十四年九月袭。	图叔父之子。康熙二十二年十二月袭。三十六年七月，以军功加至一等阿思哈尼哈	龚额子。康熙四十九年十一月，降袭三等阿思哈尼哈番。今汉文改为三等男。坐事															

二等男	
庄机达 镶黄旗满	九年正月，恩诏加至二等阿思哈尼哈番。今汉文改为二等男。
达尔占 庄机达子。	
达郎阿 达尔占子。	番。今汉文改为一等男。
吴清格 达郎阿子。	革。后降袭。

洲。顺治四年正月，袭兄高赫德巴图鲁之三等甲喇章京。恩诏加至一等阿达哈哈
顺治十八年十一月袭。康熙五十二年十二月，以效力议叙，加至一等阿思哈尼哈番。
康熙五十九年七月，降袭三等阿思哈尼哈番。今以文改为三等男。
雍正元年六月袭。坐事革。乾隆三年，其弟降袭。

	番，又一拖沙喇哈番，军功加至二等阿思哈尼哈番。今汉文改为二等男。	今汉文改为一等男。																	
二等男	刘泽洪	刘俊德	法灵阿	刘延灿	宝柱 刘延														

镶黄旗汉军。顺治五年，以投诚授二等阿达哈哈番。九年正月，袭父刘良臣之三等	刘泽洪子。康熙三十四年九月袭。	刘俊德孙。乾隆十三年闰七月袭。缘事革。	刘泽洪孙。乾隆四十四年十二月袭。	灿子。乾隆四十六年十二月袭。

	二等男
阿达哈哈番，并为二等阿思哈尼哈番。今汉文改为二等男。	蓝拜 镶蓝旗满洲。
	甘都海 蓝拜子。
	苏白赫 甘都海弟。
	苏黑 苏白赫子。康熙

	顺治六年，积军功授二等阿达哈哈番。九年正月，恩诏加至二等阿思哈尼哈番。今汉	康熙四年九月袭。	康熙十八年九月袭。	三十四年二月袭。子降袭。															

	文改为二等男。	
二等男	孙延龄顺治十年封。	
二等男	马雄顺治十一年封。	
二等男	胡什屯	海昌胡什

屯子。雍正二年十二月袭。后降袭。

三等子布纳海子。康熙四十六年六月，降袭二等阿思哈尼哈番。今汉文改为二等男。

二等男	
觉罗塞克森	正黄旗满洲。顺治十六年,袭父觉罗阿克善之三等阿达哈
觉罗拜音德	觉罗塞克森子。康熙三十五年正月袭。雍正六年,坐事革。

哈番。康熙三十二年十一月，袭弟觉罗袭额之二等阿达哈哈番，并为二等阿思哈尼哈

	班际盛 班秩福子。顺治十四年八
番。今汉文改为二等男。三十四年十月，卒。	班秩福 镶蓝旗汉军。初以随尚
	二等男

	可喜归顺，封三等阿思哈尼哈番。顺治十四年，晋赠二等。今汉文改为二等男。	月袭。后加为一等阿思哈尼哈番。今汉文改为一等男。后以叛，爵除。																	
二	刘	刘																	

等男	武元 辽东人。康熙三年，追论南赣巡抚保城功，封二等男。	渡 武元子。康熙三年袭。																	
二等	李澜 正红旗汉	李永升 李澜	李永安 李永	李时敏 李永	李承泽 李时	李承纶 李承	李兴爵 李承	李维德 李兴	恩联 李维德子。										

	军。康熙六年，袭父李国英之二等阿达哈哈番。七年六月，追叙伊父军功，加至二等	子。康熙二十九年十月袭。雍正八年六月革。	升从弟。雍正十年五月袭。坐事革。	安族兄之子。雍正十一年十二月袭。坐事革。	敏子。乾隆六年十二月袭。	泽弟。乾隆十六年袭。	绘子。嘉庆九年袭。	爵子。道光十二年袭。	同治元年袭。											

	阿思哈尼哈番。今汉文改为二等男。																		
二等男	常远 正蓝旗满洲。康熙二十年，袭祖毕里克	七十 常远子。康熙四十六年三月，降袭三等	布喀 七十堂弟。乾隆十六年五月袭。	宗魁 布喀伯父之孙。乾隆二十六年十二月袭。															

图之一等阿达哈哈番，又一拖沙喇哈番。二十五年，追叙伊祖军功，加至二等阿思哈尼

阿思哈尼哈番。今汉文改为三等男。

	二等男
哈番。今汉文改为二等男。	普尔普 正黄旗蒙古。乾隆四十一年,以军功封三等
	托布济图 普尔普子。乾隆五十五年袭。

二等男	
惠龄 正白	男。五十四年，以军功加至二等男。将原立之云骑尉销去，世袭罔替。
桂斌 惠龄	
麟绶 桂斌	
成栋 麟绶	
达元 成栋	

	旗蒙古。任陕甘总督，剿捕教匪勤慎。嘉庆九年六月，卒。追封二等男，谥勤襄。	子。阵亡，议给骑都尉，并为一等男，加一云骑尉。	子。	继子。	子。光绪二十八年袭。
二	乐	成	锡	倭	

等男	善　正白旗蒙古。官直隶提督。咸丰年，天津海口防堵阵亡，赏给二等男。	友　乐善子。	振　成友子。	和布　锡振子。光绪二十七年袭。		
二等	赛冲	特克	清安	清福	明喜	何守

男	阿 正黄 旗满 洲。 嘉庆 十九 年二 月，以 军功 封二 等男。 道光 八年 六月， 卒。 谥勤 襄。	慎 赛冲 阿孙。 道光 八年 袭。	特克 慎侄。 道光 十八 年袭。	清安 弟。 道光 二十 六年 袭。	清福 继子。 同治 三年 袭。	贵 明喜 子。 光绪 二十 三年 袭。

二等男	邱良功 福建同安人。嘉庆十四年，官浙江提督。论平蔡牵功，封二等男。卒谥刚	邱联恩 邱良功子。嘉庆年袭。

二等男	和春	霍顺武	恩厚
	正黄旗满洲。官钦差大臣、江宁将军。咸丰十年闰三月，阵亡。赠二等勇。	和春继子。咸丰十一年袭。	霍顺武孙。光绪十五年袭。

	二等男
男，谥忠武。	李续宾 湖南湘乡人。官巡抚衔浙江布政使。咸丰八年，阵亡安徽
	李光久 续宾子。同治八年袭。官浙江按察使。

	杨汝康玉科子。
三河，子骑都尉。同治三年，追予二等轻车都尉，并为二等男。	杨玉科湖南善化
	二等男

光绪年袭。	人，寄籍云南丽江。官记名提督。光绪元年，以全滇肃清，予改一等轻车都尉。旋以

	张端
兼袭叔父世职，并为二等男。光绪十年，阵亡镇南关。赠太子少保，谥武愍。	张曜
	二等

男

顺天大兴人。同治七年，张总愚平，由总兵予骑都尉。十年，宁夏平，予骑都尉。光绪

本

曜子。光绪十八年袭。

三年，克吐鲁番，予一等轻车都尉。十七年，卒于山东巡抚。谥勤果，并为二等男爵。

二等男

余虎恩 湖南平江人。官陕西陕安镇总兵。光绪二年，论克复乌鲁木齐功，予云

余应璜

骑尉。三年，论克吐鲁番功，子骑都尉。四年，论平新疆功，晋一等轻车都尉。二十二年，并为

二等男

黄万鹏湖南人。官记名提督。光绪二年，论复托逊

二等男爵。三十一年，卒。

黄钺万鹏子。光绪三十年袭。

城功，予云骑尉。四年，新疆平，改三等轻车都尉。二十三年，并叔父黄登和等云骑尉各世

	岑春荣 毓英子。光绪年袭。官河南河北道。
职为二等男爵。二十四年，卒。	岑毓英 广西泗城人。官云南巡抚。同治十年，
	二等男

以平云南回匪功，予一等轻车都尉。光绪十一年，以出师越南功，加一云骑尉。十五年，卒。

	并为男爵。																		
二等男	冯国璋直隶河间文生。官军谘使。宣统三年十月，以克复汉阳功，封二																		

等男。